MERIAN *live!*

KREUZFAHRT
Westliches Mittelmeer

Holger Wolandt ist Reisejournalist und Übersetzer,
er lebt in Stockholm. Mit Beiträgen von Klaus Bötig,
Gisela Buddée, Friederike von Bülow, Max Fleschhut,
Rita Henss, Carola Käther, Harald Klöcker, Susanne
Lipps-Breda, Timo Lutz, Julia Macher, Thomas Migge,
Ralf Nestmeyer, Niklaus Schmid und Manfred Thiele.

 Familientipps   Ausflüge

 Umweltbewusst reisen   Faltkarte

 FotoTipp

Preise für ein dreigängiges Menü
ohne Getränke:

€€€€ ab 60 €   €€€ ab 45 €
€€ ab 35 €   € bis 35 €

INHALT

◀ Der Wachturm Vedette auf der Bastion
Senglea an Maltas Grand Harbour (▶ S. 98).

Unterwegs im westlichen Mittelmeer 26

Wissenswertes über das westliche Mittelmeer 116

Karten und Pläne

Die Koordinaten im Text verweisen auf die Karten, z. B. ▶ S. 136, C 4.

Willkommen im westlichen Mittelmeer. Die Länder und Regionen am azurblauen Meer im Süden Europas warten mit einer verschwenderischen Vielfalt an Landschaft und Geschichte, Küche und Kultur auf.

Palmen, Zitronen-, Orangenhaine, Olivenbäume, Korkeichenwälder, felsige Küsten, kilometerlange Sand- und Kiesstrände an einem glasklaren smaragdgrünen oder azurblauen Meer: Seit Jahrhunderten üben Mittelmeer und südliche Lebensfreude auf die Bewohner Mittel- und Nordeuropas eine unvergleichliche Anziehung aus.

Das Mediterran

Das Mittelmeer ist nicht nur wie im Deutschen das mittlere Meer, sondern in vielen anderen Sprachen das Mediterran, der Mittelpunkt der Erde. Kein Wunder, nirgends auf der Welt gibt es auf engstem Raum so

viel zu entdecken: Völker und Eroberer lösten einander ab und hinterließen an den Küsten ihre Spuren. Auf engstem Raum finden sich griechische, etruskische, römische, aber auch normannische Denkmäler, Tempel, Amphitheater und Thermen sowie Kreuzfahrerburgen und Zeugnisse islamischer Kultur.

Das Mittelmeer ist mit dem Atlantik durch die nur 14 Kilometer breite, 320 Meter tiefe Straße von Gibraltar verbunden. Seine Ausdehnung beträgt rund 2,5 Millionen Quadratkilometer (zum Vergleich: Die Ostsee bringt es auf nur 400 000 Quadratkilometer), die größte Tiefe misst schwindelnde

◄ La Croisette (▶ S. 52): die berühmte Strandpromenade von Cannes.

5267 Meter (in der Ionischen See im östlichen Mittelmeer), die Durchschnittstiefe rund 1500 Meter. Ein unterseeischer Rücken in der Meerenge zwischen Sizilien und der Küste von Tunesien trennt das östliche vom westlichen Mittelmeer. Im Bereich dieses Rückens ist das Mittelmeer nur etwa 350 Meter tief. Die Ausdehnung von Norden nach Süden variiert beträchtlich, von West nach Ost, von Gibraltar nach Syrien, sind es jedoch genau 3860 Kilometer. Das Mittelmeer ist ein Reiseziel für alle, die Seegang und Seekrankheit scheuen: Von Pfingsten bis in den Spätsommer ist es fast immer spiegelglatt. Die teilweise schwere Dünung der Ozeane gibt es nicht. Am Mittelmeer herrschen stets recht angenehme Temperaturen, da die Wassertemperatur noch im Winter beträchtlich ist. Sie beträgt bei Neapel schon im April 15 Grad und steigt im August auf 25 Grad an.

Sehenswertes unter südlicher Sonne

Kürzere Kreuzfahrten durch das westliche Mittelmeer begnügen sich mit Italien, Frankreich und Spanien. Festlandküsten und Inseln haben einen sehr unterschiedlichen Charakter. Längere Fahrten umfassen auch Malta und Nordafrika, in der Regel wird dort Tunis angelaufen.

Zwei der wichtigsten europäischen Kreuzfahrtreedereien sind übrigens in Italien beheimatet. Ihre Schiffe starten ihre Kreuzfahrten in der Regel von italienischen Häfen aus, von Savona und Genua in Ligurien oder auch von Civitavecchia bei Rom.

Livorno wird angelaufen, um Tagesausflüge in die Renaissancestädte Pisa und Florenz zu unternehmen, von Neapel, Catania und Messina aus lassen sich die Vulkane und die Zitronenhaine Süditaliens erkunden. Auch die großen Mittelmeerinseln stehen auf dem Programm: Malta, ein eigener Staat mit einer dem Italienischen verwandten Sprache, in dem die Kreuzritter ihre Spuren hinterlassen haben, und das zu Frankreich gehörende, ständig nach Autonomie strebende Korsika mit einer wildromantischen Natur und zerklüfteten Felsen.

Faszination Seereise

In den Häfen der französischen Riviera lassen sich die Schönen und Reichen auf ihren Jachten bewundern. Wem das Leben auf See und an Bord zu ruhig ist, kann in Marseille einen Tag lang in das geschäftige Leben einer Großstadt eintauchen.

Weiter im Westen liegt die spanische Baleareninsel Mallorca. In Palma erinnern die Arabischen Bäder und der Almudaina-Palast an die Zeit, in der die Insel von den Arabern beherrscht wurde. Für die Häfen der spanischen Mittelmeerküste, Barcelona und Valencia, reicht die Liegezeit von einem Tag fast nicht aus, so viel gibt es zu sehen, u. a. die grandiosen Bauwerke Antoni Gaudís und Santiago Calatravas.

Da immer nur einige der Häfen auf dem Programm stehen, lässt sich eine Kreuzfahrt im westlichen Mittelmeer auch gut wiederholen, denn immer wechseln die Häfen, immer wieder ist Neues zu entdecken – und der rote Sonnenuntergang im Westen zeigt sich ohnehin jeden Abend von einer anderen (schönen) Seite.

MERIAN TopTen

MERIAN zeigt Ihnen die Höhepunkte entlang der Route.
Diese Highlights sollten Sie sich auf Ihrer Reise durch das
westliche Mittelmeer auf keinen Fall entgehen lassen.

1 **Ciutat de les Arts i de les Ciències (CAC), Valencia**
Die futuristische Stadt der Kunst und der Wissenschaften setzt spannende architektonische Akzente. Absoluter Publikumsmagnet unter den Attraktionen ist der Meerwasserzoo (▸ S. 33).

2 **Sagrada Família, Barcelona**
Die Sühnekirche des genialen und tiefgläubigen Architekten Antoni Gaudí gilt als das markanteste Sinnbild der Stadt und ist – obwohl unvollendet – ihr weltweit bekanntes Wahrzeichen (▸ S. 38).

3 **Kathedrale La Seu, Palma**
Die gotische »Kathedrale des Lichts« in Mallorcas Hauptstadt ist eines der großartigsten Bauwerke Spaniens. Begonnen im 13. Jh. brauchte das Werk 300 Jahre bis zur Vollendung (▸ S. 42).

Torre pendente, Pisa
4 Der Schiefe Turm ist nach aufwendigen und langwierigen Stabilisierungsmaßnahmen wieder begehbar, der Blick von oben schweift über die Stadt (▸ S. 71).

Galleria degli Uffizi, Florenz
5 Die weltberühmte Pinakothek der Uffizien zeigt die Meister der italienischen Malerei, wobei der Schwerpunkt auf der Renaissance liegt (▸ S. 74).

Colosseo, Rom
6 Schon Goethe stand einst staunend vor dem beeindruckenden Bauwerk, das ab 80 n. Chr. 50 000 Zuschauer in seinem Oval aufnahm (▸ S. 77).

San Pietro, Rom
7 Die wichtigste Kirche der Christenheit erhebt sich über Petrus' Grab. Glaube und Kunst sind nirgendwo so eng verwoben wie im Petersdom (▸ S. 80).

Vesuv, Neapel
8 Der einzige tätige Vulkan auf dem europäischen Festland zeigt seine typische Silhouette über dem Golf von Neapel. Das Panorama vom Kraterrand ist grandios (▸ S. 87).

Musée du Bardo, Tunis
9 Die schönsten Mosaiken Afrikas aus der römischen Epoche sind im alten Haremspalast des Bey von Tunis zu bewundern, interessant auch die Funde aus dem Wrack von Mahdia (▸ S. 103).

Grande Mosquée Hassan II, Casablanca
10 Wahrzeichen Casablancas und Symbol des toleranten Islam: Die Mega-Moschee steht auch Nichtmuslimen offen (▸ S. 109).

6

MERIAN Tipps

Mit MERIAN mehr erleben. Entdecken Sie auf Ihren Landgängen das Leben und die besonderen Orte in den Hafenstädten des westlichen Mittelmeeres.

1 Colmado Quilez, Barcelona
Gourmets kaufen in diesem Kolonialwarenladen (Colmado) von anno dazumal mit katalanischen und spanischen Delikatessen würzige Schinken, Käse, Oliven, Weine und Cavas (▸ S. 40).

2 »Roter Blitz«, Palma
Eine nostalgische Eisenbahnfahrt führt über »La Luminosa«, wie die Mallorquiner ihre Insel nennen, von Palma nach Sóller. Es geht durch 13 Tunnel und über etliche Brücken (▸ S. 45).

3 Bootstour zu den Îles Sanguinaires, Korsika
Naturschutz: Die vier schroffen Porphyrinseln stehen am Golf von Ajaccio. Geführte Bootsausflüge erkunden das Gebiet (▸ S. 56).

4 **Café de Paris, Monaco**
Exklusiver Sitzplatz mit Blick
auf das Casino, chromglänzende
Nobelkarosserien und vielleicht
auch auf prominente Nachbarn
am Nebentisch (▸ S. 62).

5 **Acquario di Genova**
Das Aquarium auf der Mole
im alten Hafen bietet einen grandiosen Einblick in die Unterwas-
serwelt (▸ S. 67).

6 **Schokolade im Rivoire,**
Eis bei Vivoli, Florenz
Heiße Schokolade im Caffè Rivoire
auf der großen Bühne der Piazza
Signoria. Vorzügliches Eis bei
Vivoli (▸ S. 73).

7 **Terrazza Caffarelli, Rom**
Bei einem Cappuccino,
Espresso oder einem kühlen
Drink den Blick über die Dächer
der Ewigen Stadt schweifen las-
sen (▸ S. 79).

8 **Napoli Sotterranea, Neapel**
Ausflug in die Unterwelt:
Mit einer Führung gelangt man in
das ehemalige Zisternensystem im
historischen Zentrum von Neapel
(▸ S. 85).

9 **Fontanella Tea Garden,**
Mdina
Der Besuch dieses Cafés auf der
Stadtmauer mit wunderbarem
Blick über die alte Stadt und die
Insel ist ein Muss (▸ S. 100).

10 **Marché Central, Tunis**
Lebhaftes Markttreiben:
Gemüse und Obst, Meeresfrüchte
und auch sonntags geöffnet – was
braucht man mehr (▸ S. 104).

Auch in den gemütlichen Straßencafés auf den Plaças von
Valencia (▸ S. 32) kann man die unendliche Vielfalt der mediterranen Küche genießen.

Zu Gast im
westlichen Mittelmeer

Die Länder rund um das Mittelmeer geben dem Kreuzfahrer
reichlich Gelegenheit zum Genießen auf mediterrane Art.

Praktische Infos

Einige Informationen, die das Leben an Bord erleichtern und die Reise angenehm gestalten, von Kabinenwahl über Seenotrettungsübung bis Sport- und Wellnessangebot.

◄ Erholung an Deck – bis es heißt: bereit machen zum Landgang (► S. 18).

Neben der Karibik stellt das Mittelmeer die wichtigste Kreuzfahrtdestination dar – und es ist das beliebteste Kreuzfahrtziel der Deutschen: Die vom Deutschen Reiseverband herausgegebene Broschüre »Der Deutsche Reisemarkt. Zahlen und Fakten 2015« (auch online) widmet den Kreuzfahrten ein eigenes Kapitel: »Boom-Markt Kreuzfahrten. Immer mehr Passagiere auf Flüssen und Meeren.« Die aktuellen Zahlen, die in den Nachbarländern Österreich und Schweiz ähnlich aussehen dürften: 77 % der Bundesbürger fahren in den Urlaub. Von diesen Urlaubsreisen (gemeint sind Reisen ab fünf Tage Dauer) entfallen 3,1 % auf Kreuzfahrten. In den 20 Jahren seit 1995 ist die Zahl der Kreuzfahrtpassagiere um 710 % auf 2,2 Millionen angestiegen. Der durchschnittliche Reisepreis beträgt 1580 €, die durchschnittliche Reisedauer 8,7 Tage. Fast alle Reedereien bieten Kreuzfahrten auf dem Mittelmeer an.

Das riesige Angebot macht eine solche Reise für fast alle erschwinglich: Mittelmeerkreuzfahrten in einer Innenkabine werden schon für unter 1000 € angeboten. Da die Zahl reiner Seetage meist gering ausfällt, lässt es sich auch mit einer Innenkabine durchaus leben: Die Tage verbringen die Kreuzfahrer ohnehin an Land oder auf dem Sonnendeck.

Die Reedereien

Zwei große **italienische Reedereien** unterhalten ihre Heimathäfen am westlichen Mittelmeer: Costa Kreuzfahrten wurde als Costa Crociere bereits 1860 in Genua gegründet. 2004 wurde der Heimathafen nach Savona verlegt und dort ein riesiges Kreuzfahrtterminal gebaut. MSC-Kreuzfahrten (Mediterranean Shipping Company) sind in Neapel beheimatet.

Beide Reedereien sind auf dem Mittelmeer mit riesigen Schiffen für mehrere Tausend Gäste, die mehrheitlich aus den Ländern nördlich des Mittelmeers kommen, unterwegs. Kapitäne und Oberkellner dagegen sind italienischer Herkunft. Die bislang größten Schiffe der MSC sind »Splendida« und »Fantasia« mit 1637 Kabinen für 3247 Passagiere.

Neben den italienischen Reedereien sind alle großen Veranstalter von Kreuzfahrten auf dem westlichen Mittelmeer unterwegs, auch Royal Caribbean, das größte Kreuzfahrtunternehmen der Welt, und Carnival Cruises, die Nummer zwei. Einige Reedereien haben Angebote für Familien mit Kindern: Bei MSC fahren zwei Kinder bis 17 Jahre zu den meisten Terminen gratis in der Kabine der Eltern mit. Bei NCL liegt diese Altersgrenze bei 15 Jahren. Für Eltern mit kleineren Kindern gibt es eine Kinderbetreuung, für den schon älteren Nachwuchs eine Teenie-Disco. Auch bei anderen Reedereien sind die Kosten für Kinder, die in der Kabine der Eltern reisen, relativ gering.

Deutsche Anbieter kreuzen ebenfalls auf dem Mittelmeer: TUI Cruises u. a. starten ihre Rundreise auf dem westlichen Mittelmeer in Mallorca. Mit »Mein Schiff 3« können Sie beispielsweise innerhalb von zehn Nächten von Palma de Mallorca nach Korsika, Civitavecchia, La Spezia, Monaco, Toulon, Barcelona und Ibiza fahren. Eine andere Reise führt innerhalb von ebenfalls zehn Nächten nach Sardinien und Sizilien. AIDA Cruises bieten ebenfalls Kreuzfahrten ab Mallorca an. Auf den sogenannten Clubschiffen ist legere Kleidung angesagt.

Die Reeder mit kleineren Schiffen hatten es in den letzten Jahren deutlich schwer. Die Reederei Deilmann (»MS Deutschland«) ging 2015 Konkurs, Hansa Kreuzfahrten bereits 2012, ihre charmante »Princess Daphne« wurde 2014 in Alang in Indien abgewrackt. Für TransOcean Kreuzfahrten fährt jedoch die »MS Astor« mit maximal 578 Passagieren von Genua nach Livorno, Civitavecchia, Neapel, Palermo, Sardinien und zurück. Das luxuriöseste Kreuzfahrtschiff, die »MS Europa« der Reederei Hapag Lloyd, befindet sich im Herbst in der Regel ebenfalls im westlichen Mittelmeer. In zehn Tagen geht es von Lissabon am Atlantik bis Civitavecchia. Das Flaggschiff der Flotte setzt seine Reise nach Venedig fort, dann wird kehrtgemacht, und es geht nach Barcelona zurück.

Das **Luxussegment** wird neben Hapag Lloyd u. a. von der Seabourn Cruise Line bedient. Für ungefähr 10 000 € geht es auf der »Seabourn« drei Wochen lang durch das westliche Mittelmeer. Wie es auf einem solchen Schiff zugeht, hat der amerikanische Reiseschriftsteller Paul Theroux eindrucksvoll beschrieben (▸ S. 129). Die kleinen Luxusschiffe laufen auch kleinere Häfen wie Portoferraio auf Elba an.

Viele Veranstalter bieten außerdem spezielle **Themenkreuzfahrten** an, etwa für Golfspieler und Musikliebhaber. MSC organisiert Kreuzfahrten für Tänzer, Schach- und Bridgespieler, außerdem für Hobbymaler.

Sicherheit wird großgeschrieben: Am ersten Tag auf See findet eine Seenotrettungsübung (▸ S. 16) statt, an der alle Reisenden teilnehmen müssen.

Die Kabinenwahl

Die **Kabine** will mit Bedacht gewählt sein. Die Entscheidung für eine Innenkabine ist nur dann ratsam, wenn man den meisten Teil der Reise an Deck oder auf Landgängen verbringt. Auf großen, eher unpersönlichen Schiffen ist eine bessere (und leider auch teurere) Kabine, in die man sich zurückziehen kann, empfehlenswert. In den Kabinen achtern (im Heck des Schiffes) ist die Schiffsmaschine meist stärker zu hören. Hier sind auch die Vibrationen stärker. Bei älteren Schiffen sind die Wände meist sehr dünn. Ein schreiender Säugling in der Nachbarkabine ist aber auch in modernen Schiffen zu hören. Seekrankheit ist bei einer Fahrt auf dem Mittelmeer im Sommer kein Thema, da die See spiegelglatt ist. Wer jedoch auf Nummer sicher gehen will, sollte eine Kabine mittschiffs oder achtern und auf den unteren Decks wählen. Zum Bug hin und auf den oberen Decks schaukelt es meist stärker. Die Kopfkabinen des Schiffes sind in der Regel der Besatzung vorbehalten. Die teuersten Kabinen sind Suiten mit Balkon, die teilweise über 50 m² groß sind. Nach einem anstrengenden Landausflug lädt hier der eigene Whirlpool zum Relaxen ein. Gleichzeitig kann man die Speisekarte für das Galadiner am Abend studieren. Diese wird den Gästen, die eine Suite bewohnen, eigens in die Kabine gebracht.

Neueste Entwicklung ist die Einrichtung eines **Premium-Bereichs** auf den Schiffen: MSC bietet auf den Großschiffen »Fantasia« und »Splendida« einen VIP-Bereich an, der sich MSC Yacht Club nennt. Hier bleibt, wer es sich leisten kann, unter sich: Für die 99 Suiten gibt es auf dem Vordeck einen eigenen Pool sowie eine eigene Lounge. Auch beim Ein- und Ausschiffen gibt es eine Vorzugsbehandlung. Bei NCL nennt sich die entsprechende Kabinenklasse »Garden and Courtyard Villas«.

Sonnenhut nicht vergessen

Ins **Reisegepäck** einer Mittelmeerkreuzfahrt gehört unbedingt luftige Kleidung, die für Landausflüge nicht zu freizügig sein darf – in Kirchen ist das Tragen von Shorts und schulterfreien Tops häufig verboten. Mit einpacken sollte man einen Sonnenhut und Sonnencreme mit einem sehr hohen Lichtschutzfaktor. Abends auf Deck benötigt man durchaus mal einen warmen Pullover. Badekleidung sollten Sie ebenfalls nicht vergessen. Wer sich nicht im meist sehr knapp bemessenen Schiffspool drängen will, findet sicher Gelegenheit, beim Landgang einen ortsnahen Strand aufzusuchen. Ausreichend Lektüre ist ebenfalls wichtig, da reine Seetage schon einmal lang werden können und das deutschsprachige Angebot in den Bordbibliotheken der preiswerteren Anbieter recht dürftig ist. In den Hafenorten sind aber meist auch deutschsprachige Zeitungen zu bekommen. Die Bordzeitung enthält nur die wichtigsten Nachrichten.

Das Einschiffen

Mit den Reiseunterlagen werden Kofferanhänger verschickt, auf denen die **Kabinennummer** steht (sofern Sie nicht eine unspezifizierte Kabinenklasse gebucht haben). Beim Einschiffen gibt man die Koffer schon vor dem Einchecken ab. Sie werden vom Personal vor die Kabine gestellt. Achten Sie deshalb darauf, alles Wichtige – Medikamente, Papiere, Zahnbürste – im Handgepäck aufzubewahren. Das Gepäck pro Passagier darf 100 kg nicht übersteigen. Hier werden den Reisenden vor allem von den Freimengen der Fluggesellschaften Grenzen gesetzt.

Gerade bei größeren Kreuzfahrtschiffen kann das Einschiffen eine zeitraubende Prozedur darstellen. Es ist daher ratsam, sich rechtzeitig am Kai einzufinden. Meist beginnt das Einschiffen drei Stunden vor dem Ablegen des Schiffes und dauert zwei Stunden. Wer früh an Bord ist, hat genügend Zeit, sich schon vor Auslaufen des Schiffes in seiner Kabine einzurichten und heimisch zu machen und schon einmal eine Runde auf Deck zu drehen.

Auf den Schiffen hochpreisiger Anbieter werden die Gäste von einem Steward zu ihrer Kabine geleitet, auf den Großschiffen müssen Sie sich selbst zurechtfinden. Auch nach einer Woche werden Sie sich hier immer noch statt steuerbord plötzlich backbord befinden oder achtern statt im Bugbereich.

Steward oder Zimmermädchen händigen die Schlüsselkarten oder – neuerdings – RFID-Armbänder aus, falls man sie nicht schon beim Einchecken bekommen hat. Diese **Karten bzw. Armbänder** haben eine vielseitige Funktion. Sie dienen als Bordkreditkarten und müssen an eine Kreditkarte (Visa, Mastercard oder American Express) gekoppelt sein. Wer keine Kreditkarte besitzt, muss pro Tag eine größere Geldsumme hinterlegen (bei NCL sind es 450 US-Dollar pro Passagier für eine Kreuzfahrt von acht Tagen Dauer).

Seenotrettungsübung

Nach Ablegen des Schiffes finden meist in mehreren Sprachen und oft von einer Powerpointpräsentation unterstützt Informationsveranstaltungen statt. Diese sollten Sie sich nicht entgehen lassen: Hier erfahren Sie alles Wissenswerte über die Angebote auf dem Schiff und über die Landausflüge. Darüber informiert auch das **Tagesprogramm**, das jeden Abend an alle Kabinen verteilt wird. Bei Fragen können Sie sich jederzeit an den Empfang wenden, der rund um die Uhr besetzt ist. Die Sprechstunden der Bordhostessen sind im Tagesprogramm verzeichnet.

Am ersten Tag nach dem Ablegen findet immer die Seenotrettungsübung statt, die für alle Reisenden Pflicht ist. Mit der Schwimmweste angetan, die in allen Kabinen liegt, haben sich alle auf dem Promenadendeck unter den **Rettungsbooten** einzufinden. Auf den großen Schiffen führt das meist zu einem ziemlichen Gedränge.

Tischgepflogenheiten

Der Kabinensteward verrät Ihnen Ihre Tischnummer. Auf den meisten Schiffen gibt es zwei **Tischzeiten**, für die Sie sich bereits bei der Buchung entscheiden müssen. Meist beginnt die erste Tischzeit um 18 Uhr, die zweite um 20.30 Uhr oder erst um 21 Uhr, was den normalen Gepflogenheiten am Mittelmeer entspricht. Einige Schiffe, beispielsweise die von Hapag Lloyd, haben nur eine Tischzeit. Sollten Sie mit Ihrer Tischgesellschaft nicht zufrieden sein, ist Ihnen der Oberkellner sicher behilflich, einen anderen Platz zu finden. Welche **Kleidung** jeweils im Restaurant erwünscht ist, können Sie im

Tagesprogramm nachlesen. Abends dürfen Sie in der Regel nicht in Shorts oder T-Shirt im Restaurant erscheinen. Gerade auf amerikanischen Schiffen ist dies sowieso nicht ratsam. Durch die Klimaanlage ist es dort in den Restaurants recht kühl. Es wird jedoch allgemein Wert darauf gelegt, dass sich die Kreuzfahrtgäste zum Essen umziehen. Bei einem Galadiner sollten die Herren im Anzug oder zumindest im Jackett erscheinen. Bei den Damen ist »festliche« Garderobe angesagt.

Falls Sie eine Mahlzeit versäumen, ist das kein Problem: Auf den größeren Schiffen werden immer irgendwo Hamburger und Pizzastücke in einem **Büfettrestaurant** serviert, das fast rund um die Uhr geöffnet ist. Die Mahlzeiten fallen ohnehin so üppig aus, dass man auch getrost einmal eine auslassen kann.

Nach dem Einschiffen steht meist die erste Mahlzeit im Restaurant an. Bis auf die Getränke ist alles inklusive. Bei einigen Anbietern sind allerdings auch Bier oder ein einfacher Tafelwein im Preis eingeschlossen. Auf den meisten Schiffen wird auf Sonderwünsche Rücksicht genommen, so gibt es auch vegetarische oder glutenfreie Gerichte.

Entertainment

Nach dem Essen empfiehlt es sich, die lauen Nächte des Mittelmeers auf dem Promenadendeck zu genießen und einen Drink an der Poolbar zu nehmen. Sie können allerdings auch in der Bar dem Bordpianisten lauschen. Auf den großen Kreuzfahrtschiffen ist die Nacht jetzt noch jung: Sie können sie mit einer Show im **Bordtheater** beginnen und dann in der **Disco** bis in die frühen Mor-

genstunden Ihren Bewegungsdrang ausleben oder im Kasino Ihr Geld verspielen. Kasinos gibt es auf deutschen Schiffen allerdings nicht. Hier wurden sie wegen zu geringer Nachfrage wieder abgeschafft. Wer sich dann noch einmal stärken muss, für den gibt es ein **Mitternachtsbüfett** oder im Premiumbereich einen »Late Night Snack«.

Auf kleineren Schiffen wird den Passagieren häufig ein kulturelles Rahmenprogramm geboten. Lektoren führen in Vorträgen in die Kultur und Geschichte der Region und der Reiseziele ein. Auf einigen Schiffen finden zudem Filmvorführungen unter freiem Himmel statt.

Sport und Wellness

Größere Schiffe verfügen über Tennisplätze, eine Joggingbahn und ein Fitnessstudio mit einem reichhaltigen Wellnessangebot. Die modernsten Schiffe haben neben riesigen Wasserrutschen auf dem Oberdeck neuerdings auch Kletterwände und Golfplätze mit bis zu neun Löchern. Wer möchte, kann auch Personal Coaching in Anspruch nehmen, das manche Schiffe anbieten. Dabei nimmt sich ein persönlicher Trainer Ihrer an und stellt ein spezielles Fitnessprogramm für Sie zusammen.

Größere Schiffe stellen mit ihren Swimmingpools und Pizzabüfetts das reinste Kinderparadies dar. Für eine nahezu lückenlose **Betreuung der Kinder** durch die Entertainment-Mitarbeiter ist gesorgt, damit sich auch die Eltern unter den Passagieren hinreichend entspannen können. Bei Costa werden die Sprösslinge in Mini (3–6 Jahre), Maxi (7–11 Jahre), in Teen Junior (12–14 Jahre) und Teen (15–17 Jahre)

Nach dem Landgang (▶ S. 18) – hier am Hafen in Barcelona – müssen Sie sich bei der Crew als Passagier ausweisen, um wieder an Bord zu gelangen.

eingeteilt. Neben Disco, Karaoke und Pizzapartys geht es auf die Piratenschatzsuche. Auf einigen Schiffen können Eltern ihre Kinder auch betreuen lassen, während sie einen Landgang unternehmen.

Landgang und Ausflüge

In manchen Häfen am Mittelmeer, etwa in Cannes, liegen die größeren Schiffe auf der Reede. Dann werden die Passagiere in Rettungsbooten (die dann als Tenderboote bezeichnet werden) an Land gebracht. Hier nimmt der Landgang mehr Zeit in Anspruch, aber in den kleinen Tenderbooten sind Sie dem Meer näher als auf dem Promenadendeck des Kreuzfahrtschiffs. Im Hafen warten die Busse für die organisierten Ausflüge bereits am Kai. Für jeden Geschmack gibt es Angebote: Sightseeing-Fahrten zu antiken Stätten, Museen oder einfach nur in den Ort mit einem Rundgang durch die Altstadt. Auch Verkostungstouren (Wein, Tapas, Olivenöl), Fahrten an einen besonders schönen Strand oder Aktivtouren mit Radfahren, Tauchen oder Strandritten werden gern unternommen. Häufig, wie zum Beispiel in Genua und Barcelona, ist das Tagesziel aber auch vom Hafen aus in wenigen Minuten zu erreichen, und Sie können es auf eigene Faust erkunden.

Bedenken Sie bei Ihren Ausflügen, dass Sie spätestens eine Stunde vor Ablegen wieder an Bord sein müssen. Auf die Ablegezeit Ihres Schiffes werden Sie an Bord mehrmals hingewiesen. Das ist vor allem wichtig, wenn Sie sich keinem organisierten Ausflug anschließen, sondern auf eigene Faust unterwegs sind. Ist das Schiff einmal weg, können Sie ihm nicht ohne Weiteres hinterherfahren, um es wieder einzuholen.

Am letzten Abend der Reise werden meist auch die Kataloge für die nächste Kreuzfahrtsaison auf den Kabinen verteilt. Dann können Sie sich überlegen, wo es das nächste Mal hingeht, ins östliche Mittelmeer oder gar ins Schwarze Meer.

Das Ausschiffen

Alle Koffer werden in der Nacht vor dem Ausschiffen eingesammelt. Achten Sie darauf, dass Sie keine Wertsachen oder notwendigen Medikamente einpacken und dass Sie noch etwas zum Anziehen haben. Manch ein Passagier soll das Schiff im Schlafanzug verlassen haben.

Am Morgen der Ankunft müssen Sie eventuelle Schulden der Bordkreditkarte begleichen (man lässt Sie sonst nicht von Bord), falls diese nicht an eine Kreditkarte gekoppelt ist, oder sich den Rest Ihrer Bareinlage zurückholen. Bei großen Schiffen mit mehreren Tausend Gästen ist das Ausschiffen eine zeitraubende Sache. Sie können von der Reling aus verfolgen, wann die Container mit den Koffern ausgeladen werden. Erst dann können Sie von Bord gehen. Vorher empfiehlt es sich, eine ruhige Ecke aufzusuchen und es sich bequem zu machen. Fast alles ist geschlossen, da die Bordkreditkarten seit der Nacht vorher nicht mehr funktionieren und nur noch bar bezahlt werden kann. Außerdem wird inzwischen alles für die nächsten Passagiere vorbereitet, die am Abend an Bord gehen werden. Und vergessen Sie nicht, noch einmal beim Bordfotografen vorbeizuschauen. Dieser hat sicher während der Reise schöne Erinnerungsfotos gemacht.

Grüner reisen

Kreuzfahrten sind aus ökologischer Sicht nicht unumstritten: Auf den riesigen Schiffen wird nicht nur überproportional viel Energie für den reinen Passagiertransport verwendet, sondern auch für andere Dinge wie Wasseraufbereitung oder Heizung. Zudem entstehen täglich mehrere Tonnen Müll sowie Abwässer und Emissionen. Doch die Kreuzfahrtreedereien sind sich ihrer Verantwortung für das Ökosystem Meer inzwischen durchaus bewusst. Die Entwicklung neuartiger Antriebssysteme, technische Innovationen, z. B. bei der Abwasseraufbereitung, oder das Einsparen und Recyceln von Müll sind bei allen großen Anbietern selbstverständlich. Die AIDA-Schiffe beispielsweise sind nach der internationalen Umweltnorm ISO 14001 zertifiziert, und der Anbieter Costa Crociere arbeitet mit dem WWF Italien zusammen, um maritime Ökoregionen im Mittelmeer zu erhalten.

Während einer Kreuzfahrt durchs Mittelmeer bieten sich Ihnen viele Möglichkeiten, sich an Land umweltbewusst zu verhalten und Menschen zu unterstützen, denen ein verantwortungsvoller Umgang mit der Natur am Herzen liegt, beispielsweise durch den Besuch von Restaurants, die (Bio-)Produkte aus der Region verwenden, oder den Einkauf in kleinen Läden, die noch traditionelle Produkte fertigen.

Grüne Empfehlungen sind durch dieses Symbol gekennzeichnet.

Essen und Trinken

Die mediterrane Küche ist exzellent und verwöhnt mit abwechslungsreicher Kost: reifes Gemüse, delikates Olivenöl, aromatische Kräuter und ein Hauch von Knoblauch.

◄ Marokkos (► S. 106) Märkte bergen zahllose kulinarische Geheimnisse.

In Italien wird stets aufwendig geschlemmt: Vorneweg werden »antipasti«, kalte Vorspeisen, serviert, als »primo piatto« ein Nudelgericht, als Hauptspeise – »secondo« – ein Fleischgericht, etwa »cotoletta alla milanese« (paniertes Kalbsschnitzel). Wollen Sie die italienische Küche auch an Bord genießen, dann empfiehlt sich eine Kreuzfahrt mit einer der beiden italienischen Reedereien Costa oder MSC.

Falls Sie sich beim Essen an den Sternen im Michelin-Führer orientieren: Nirgendwo gibt es so viele mit Sternen, Kochmützen oder Kochlöffeln prämierte Restaurants wie an der Côte d'Azur. Um exzessiv schlemmen zu können, eignen sich die Liegezeiten der Schiffe jedoch kaum: Die Kreuzfahrtschiffe legen meist vor dem ersten Gang im Restaurant um 19 Uhr wieder ab.

Was Sie beim Landgang jedoch unbedingt tun sollten: einen **Kaffee** bestellen. Das arabische Getränk wurde von Pilgern, die nach Mekka gereist waren, im gesamten Abendland verbreitet. Kein Wunder also, dass der Kaffee im Süden, im ehemaligen islamischen Herrschaftsbereich, immer noch ein bisschen besser schmeckt als weiter nördlich in Europa.

Auf dem Kreuzfahrtschiff wird man Sie mehr als ausreichend verpflegen, Sie sollten sich für den Landausflug jedoch trotzdem immer ein kleines kulinarisches Abenteuer vornehmen: den Besuch eines Cafés, einer Bar, einer Bäckerei, eines Marktes. So werden Sie eine bleibende Geschmackserinnerung mitnehmen.

»Pasticceria« und »horchatería«

Viele Hafenstädte warten mit traditionsreichen **Cafés** auf, beispielsweise in Neapel das berühmte Gran Caffè Gambrinus. Hier können Sie eine »torta caprese« (mit Schokolade und Mandeln) oder eine »torta di limone« (Zitronentorte) bestellen. In Genua ist das Café der Wahl die Antica Pasticceria Klainguti, die bereits 1828 von einem Schweizer gegründet wurde. In Monaco sitzen alle, die etwas auf sich halten, im Café du Paris, an der Place du Casino. Hier sollten Sie sich wie überall sonst in Frankreich zum Kaffee ein himmlisch-buttriges Croissant genehmigen. Falls Sie Abwechslung vom Kaffee suchen, können Sie in Barcelona eine der traditionellen **Milchbars**, die »granjes«, besuchen. Hier werden Frucht-Milchgetränke und »horchata« (Erdmandelmilch) serviert. Diese wird aus gemahlenen Erdmandeln, die hauptsächlich in der Gegend von Valencia angebaut werden, Wasser und Zucker hergestellt. In Valencia gibt es im Stadtteil Alboraya auch gleich eine Avenida de la Horchata, in der Sie die Horchatería Daniel aufsuchen können. Eine »horchata« sollte unbedingt ganz frisch zubereitet genossen werden, in Flaschen abgefüllt schmeckt sie schal.

Da Sie an Bord sehr viel Zeit im Restaurant verbringen, werden Sie beim Landgang kaum Lust auf große Mahlzeiten mit mehreren Gängen verspüren. Für den kleinen Appetit sind ein Kaffee und ein »panino«, wie die belegten Brote in Italien heißen, aber genau das Richtige. Auf Malta werden zum Kaffee »pastizzi«, mit Ricotta-Käse, Erbsenbrei oder

Paella (▶ S. 23) – Genuss aus der Pfanne: Das durch Zugabe von Safran leuchtend gelbe Reisgericht ist ein Nationalgericht der Region Valencia.

Spinat gefüllte Teigtaschen, serviert. In Süditalien können Sie auch einfach in einer Bäckerei eine Pizzaecke und eine Flasche Mineralwasser ordern und es sich unter einer schattigen Zypresse bequem machen. In Ligurien besteht der schnelle Imbiss aus einer »farinata«, einem Fladen aus Kichererbsenmehl, oder »focaccia«, einem salzigen, meist mit Rosmarin gewürzten Fladenbrot. In Nizza heißt der Fladen aus Kichererbsenmehl im Übrigen »socca«, auch eine Art Pizza mit Sardellen gibt es hier, »pissaladiera«.

Schmackhafte Vielfalt aus der Suppenküche

Sie werden bei Ihrer Reise immer wieder feststellen, dass die Ähnlichkeiten der mediterranen Küche größer sind als ihre Unterschiede. An heißen Sommertagen wird in Südfrankreich eine »soupe au pistou«, eine **Gemüsesuppe** mit Knoblauch und Basilikum, serviert, weiter im Süden, in Spanien, sollten Sie sich bei heißem Wetter einen »gazpacho«, eine kalte Suppe aus Gurke, Tomate und Knoblauch, bestellen.

Der kleine Imbiss auf Mallorca und an der spanischen Küste sind die **Tapas**. Auf Mallorca stehen sie in jeder Bar auf der Theke: Schnecken (»cargols«), Fleischbällchen (»albóndigas«), Nierchen (»riñones«) in Weinsauce, gegrillte Sardinen oder eingelegte Sardellen (»boquerones«). In Katalonien tauchen bei den Tapas auch schon mal geschmortes Kaninchen oder Dicke Bohnen mit Blutwurst auf. Der Klassiker ist ein »pa amb tomaquet«, ein geröstetes Brot mit Olivenöl und Tomaten. Das Tapas-Standardsortiment besteht aus Schinken- und Käsespezialitäten, beispielsweise Jabugo-Schinken, der einem auf der

Zunge zergeht, und »queso de cabra« (Ziegenkäse), Kroketten aus Fisch und Tintenfischchen, außerdem Oliven, die nie und nirgends fehlen.

Am Nachmittag ist zu erwägen, den **Aperitif** vielleicht bereits an Land zu nehmen. In Italien können Sie sich einen Campari mit frisch gepresstem Orangensaft servieren lassen. In Spanien empfiehlt sich ein trockener Sherry, vorzugsweise »Fino«; die Sorten »Amontillado«, »Oloroso« und »Cream« sind schwerer und eignen sich daher eher als Dessertwein.

Sollten Sie im Herbst einmal einen kühleren Tag erwischt haben, dann können Sie sich in Frankreich mit einer »bouillabaisse«, einer **Fischsuppe** mit geröstetem Brot, wieder aufwärmen. Dazu wird meist »rouille« serviert, eine Knoblauchmayonnaise mit Chili. Jenseits der Pyrenäen in Katalonien taucht die Fischsuppe als »suquet de peix« auf den Speisekarten auf.

Die berühmte **Paella**, Safranreis mit verschiedenen Einlagen, ist etwas weiter südlich zu Hause: Sie kommt ursprünglich aus Valencia.

In der nordafrikanischen Küche dominiert **Couscous**. In Marokko ist dieses Gericht ein Feiertagsessen. Die Hartweizengrießkörner werden über dem Dampf einer Brühe gegart, die aus Lammfleisch, Auberginen, Zucchini, weißen Rüben, Karotten, Tomaten und Kichererbsen besteht. Auf dem Land kochen die Familien traditionell mehr Couscous, als sie selber essen können, und geben dann am Freitag den Armen vor der Moschee davon ab.

Als Snack gibt es in den marokkanischen Garküchen und Straßenrestaurants »brochettes«, gegrillte Lammspieße, und »kefta«, gegrillte, stark gewürzte Hackfleischröllchen. Dazu genießt man einen »thé à la menthe« (der augenzwinkernd auch Berber Whisky oder Whisky Marocain genannt wird), einen sehr süßen grünen Tee mit viel frischer Minze, der jedoch ein hervorragender Durstlöscher ist.

Markthallen und Souks

Eine Vorstellung von der jeweiligen Landesküche erhalten Sie am besten, wenn Sie sich in einer der **Markthallen**, etwa im Mercado Central in Valencia, umschauen. In dieser größten Markthalle am Mittelmeer arbeiten 1500 Menschen. Im Jugendstil im frühen 20. Jh. erbaut, befindet sie sich an derselben Stelle wie schon der Souk islamischer Zeiten. Der Mercat de Santa Caterina in Barcelona wurde 2005 renoviert und erhielt ein neues, geschwungenes und farbenfrohes Dach. Meistens sind die Markthallen nicht weit vom Hafen entfernt und auf dem Landgang schnell zu erreichen. Zum Mercato Coperto im ligurischen Savona sind es nur wenige Hundert Meter. In Genua heißt die Markthalle etwas irreführend Mercato Orientale. Für eine authentisch-orientalische Marktatmosphäre muss man sich aber auf die Südseite des Mittelmeers begeben. Dafür gibt es die Märkte (Souks) dort, in Tunesien und Marokko, umso zahlreicher.

Empfehlenswerte Restaurants finden Sie bei den Orten im Kapitel ▶ **Unterwegs im westlichen Mittelmeer.**

Preise für ein dreigängiges Menü:

€€€€	ab 60 €	€€€	ab 45 €
€€	ab 35 €	€	bis 35 €

Einkaufen

Mittelmeertypische Reiseandenken sind handgefertigte Souvenirs wie Flamencofächer oder Keramik. Kulinarische Mitbringsel bereichern die heimische Küche.

◄ Flanieren und Einkaufen auf den Ramblas (▶ S. 38) von Barcelona.

In den von vielen Touristen besuchten Städten am Mittelmeer werden Sie sich vor Andenkenläden nicht retten können. Preiswerter als in den Touristenshops ist das Einkaufen, jedenfalls am nördlichen Mittelmeerufer, auf den Märkten, auf denen die Lokalbevölkerung einkauft.

Auf Malta haben Klöppelarbeiten Tradition. Echte **Spitze** ist teuer. In Geschäften und auch von Klöpplerinnen auf der Straße wird häufig Billigware aus Fernost angeboten.

Bei Albanicos Carbonell im spanischen Valencia können Sie sich hingegen sicher sein, echte Ware zu bekommen. Hier werden die berühmten, für den Flamenco unerlässlichen **Fächer** bereits in vierter Generation hergestellt und verkauft.

Rosenkranz und Krippenfiguren

Hochwertiges Kunsthandwerk finden Sie auch in Devotionalienläden, beispielsweise in der Altstadt von Neapel. Hier werden wunderschöne **Rosenkränze** feilgeboten. Sizilien ist die Heimat der geschnitzten **Krippenfiguren**. Berühmt sind ebenfalls die Krippenfiguren (»santons«) der Côte d'Azur. Sie kommen hier überwiegend aus Fréjus und Toulon.

In der Provence blühen im Sommer die Lavendelfelder blauviolett. Beim Landausflug in Marseille sollten Sie sich ein **Lavendelsäckchen** zulegen sowie ein Stück der berühmten naturreinen Seife (»Savon de Marseille«). Im Hinterland von Cannes im Städtchen Grasse duftet es unwiderstehlich. Grasse ist das Zentrum der französischen Parfümherstellung, hier werden köstliche Duftwässer hergestellt und verkauft. Interessant ist eine Besichtigung.

Flüssige Souvenirs: Grappa, Pastis und Sherry

Beliebt sind auch flüssige Souvenirs. In Italien sollten Sie eine Flasche **Grappa**, **Limoncello** (ein hochprozentiger Zitronenlikör) oder auch einen **Marsala** (ein süditalienischer Dessertwein) erstehen. In Frankreich bietet sich ein **Pastis** an. Spanien lockt mit einem schier unüberschaubaren Angebot an **Sherry**, einem Likörwein.

Töpferwaren und **Keramik** können Sie überall am Mittelmeer erstehen. In Vallauris an der Côte d'Azur lernte der Maler Picasso das Töpfern. Noch heute wird hier Keramik nach seinen Entwürfen hergestellt und (in der Galerie Madoura) verkauft.

Aus Tunesien sollten Sie sich ein Päckchen getrocknete **Datteln** mitbringen, die dort von Oktober bis Anfang Dezember geerntet werden. Einen guten Ruf genießen außerdem die tunesischen **Lederwaren**, Taschen, Jacken und Schuhe. Schmuck, wie Ketten aus echten Korallen, und **Teppiche**, beispielsweise einen Kelim, sollten Sie lieber nicht auf den Souks, den farbenprächtigen Märkten, erstehen, sondern in einem der staatlichen Läden. Um den Preis gefeilscht wird immer.

Auch in Marokko sind Teppiche beliebte Reiseandenken. Ebenso bestechen hier kunstvolle **Holzarbeiten** wie Teetischchen, Schalen und Kästchen aus Zedern- und Thujaholz.

Empfehlenswerte Geschäfte finden Sie bei den Orten im Kapitel ▶ **Unterwegs im westlichen Mittelmeer.**

Tag für Tag steuert das Kreuzfahrtschiff eine weitere Attraktion an.
Glamourös präsentiert sich Monaco (▶ S. 61), das kleine Fürstentum an der Côte d'Azur.

Unterwegs im
westlichen Mittelmeer

Pulsierende Hafenstädte kontrastieren mit einsamem Hinterland,
prunkvolle Architektur mit palmengesäumten Traumstränden.

Spanien

Die Iberische Halbinsel lockt mit prachtvollen Kathedralen,
Jugendstil, südlicher Sonne und Inselidylle. Architektonische
Meisterwerke begeistern die Kunstfreunde.

◄ Architektur als Kunst: die Holzbrücke Rambla de Mar (► S. 38) in Barcelona.

Orient und Okzident, Tradition und Moderne – jede Region auf der Iberischen Halbinsel hat ihren eigenen Reiz, ihre Besonderheiten und Spezialitäten. Barcelona beeindruckt mit Antoni Gaudís genialer Jugendstilarchitektur, Valencia, die Heimat der Paella, lockt mit moderner Architektur, und auf Mallorca, der Deutschen liebste Insel, warten abwechslungsreiche Landschaften darauf, auf Ausflügen entdeckt zu werden.

Málaga

570 000 Einwohner

Málaga, einst eine Gründung der Phönizier und von ihnen Malaka genannt, ist Drehscheibe für Tourismus und Wirtschaft an der Costa del Sol, der »Sonnenküste« im Süden Spaniens. In der – leider vom Bürgerkrieg stark zerstörten – Altstadt finden Besucher einiges an Sehenswertem, interessante Museen, ein quirliges Treiben in der Markthalle und viele verstaubte, mehr der Vergangenheit als der Moderne verpflichtete Läden und Geschäfte. Die Geburtsstadt des weltberühmten Künstlers Pablo Picasso bemüht sich, einen Ruf als Kulturmetropole zu erwerben.

HAFEN

Das Nueva Terminal de Cruceros de Málaga, das neue Kreuzfahrtterminal, befindet sich auf der östlichen Hafenmole. Am Jachthafen und an der Escuela Andaluza de Vela (der Segelschule) vorbei ist die Innenstadt Málagas mühelos innerhalb einer Viertelstunde zu erreichen.

SEHENSWERTES

Alcazaba

Die Anfänge der Burg, die ab dem 14. Jh. erweitert wurde, gehen bis in die Römerzeit zurück. Heute zählen zur Burganlage auch das **Archäologische Museum** und die Reste eines **römischen Theaters**. Ganz in der Nähe befindet sich der 130 m hohe **Gibralfaro**. »Berg des Leuchtturms« lautete sein arabischer Name, da wohl schon zu phönizischer Zeit hier ein Leuchtturm stand.

im Sommer Mo–So 9–20 Uhr, im Winter bis 18 Uhr • Eintritt 2,20 €, Kombiticket mit Gibralfaro 3,55 €

Catedral

Der wuchtige Kirchenbau steht an der Stelle einer maurischen Moschee. 1528 begann man mit der Errichtung der Kirche, 1588 wurde sie geweiht. Der dreischiffige Kirchenbau ist 115 m lang und 52 m hoch. Sehenswert ist das hölzerne Chorgestühl aus dem 17. Jh. sowie das **Museo Catedralicio**.

Molina Lario s/n • Mo–Fr 10–18, Sa 10–17 Uhr • Eintritt 10 €

MUSEEN

Casa Natal de Picasso

Dies ist das Geburtshaus des weltberühmten Malers, der hier am 25. Oktober 1881 zur Welt kam. Zu sehen sind Skizzen, Keramiken und andere Werke Picassos.

Plaça de la Merced 15 • tgl. 9.30–20 Uhr • Eintritt 3 €, erm. 2 €

Centro de Arte Contemporáneo de Málaga

In Málagas Museum für zeitgenössische Kunst sind rund 400 Arbeiten spanischer und internationaler Künstler aus den letzten 50 Jahren sowie Werke aktueller Gegenwartskunst ausgestellt.

C. Alemania 2 • www.cacmalaga.eu • im Winter Di–So 10–20, im Sommer (20. Juni–7. Sept.) Di–So 10–14 und 17–21 Uhr • Eintritt frei

Museo Picasso

Seit 2003 sind im Palacio de Buenavista, einem Palast aus dem 16. Jh., mehr als 200 Ölgemälde, Skulpturen, Zeichnungen, Stiche und Keramiken Picassos zu sehen. Vorbestellung der Eintrittskarten ist ratsam.

C. San Agustín 8 • www.museopicassomalaga.org • März–Juni, Sept., Okt. tgl. 10–19, Juli, Aug. 10–20 Uhr • Eintritt 8 €, erm. 6 €

ESSEN UND TRINKEN
El Refectorium

Gehobener Anspruch • Das kleine Lokal liegt nahe der Stierkampfarena. Die Zutaten sind erstklassig, es gibt Fisch und Meeresfrüchte, aber auch herzhafte Fleischgerichte.

C. Cervantes 8 • Tel. 9 52 21 89 90 • www.elrefectorium.es • Mo–Sa 13–17 und 20.30–24 Uhr • €€

Antigua Casa de Guardia

Älteste Bodega der Stadt • Noch heute werden hier in einem sehr urigen Ambiente vor allem Málaga-Weine aus dem Fass ausgeschenkt. Rund 20 mehr oder weniger gereifte Weine können an der Theke verkostet werden.

Alameda Principal 18 • Tel. 9 52 21 46 80 • www.antiguacasadeguardia.com • Mo–Sa 10–22, So 11–15 Uhr • €

EINKAUFEN
Mercado Central

In der sehenswerten alten Markthalle findet man ein üppiges Angebot an frischem Obst, Gemüse, Fleisch, Fisch, Gewürzen, Axarquía-Rosinen und anderen Leckereien.

C. Atarazanas 10 • Mo–Sa 8–14 Uhr

SERVICE
AUSKUNFT
Málaga Turismo

Paseo Antonio Machado 12 • Tel. 951 92 60 20 • www.malagaturismo.com

Ausflüge
◎ El Torcal Antequera

Eine einzigartige, bizarr zerklüftete Karstlandschaft befindet sich rund 10 km südlich der Stadt Antequera. **El Torcal de Antequera** (www.torcaldeantequera.com) heißt dieses als Naturschutzgebiet ausgewiesene Gebirge, in dem Wind, Hitze, Wasser und Kälte im Laufe der Jahrtausende ein beeindruckendes Ensemble von Felsenskulpturen geschaffen haben. Viele Arten von Orchideen und Greifvögel sind hier heimisch. Kühne Felsennasen und scharf abgeschliffene Kalksteinsockel ragen auf. Im Herbst und Winter ziehen hier dichte Nebelschwaden durch und verhüllen auf gespenstische Weise diese wilde, urwüchsige Felsenlandschaft, die unbedingt einen Abstecher lohnt.

50 km nördl. von Málaga

◎ Marbella

141 170 Einwohner

Der mondäne Urlaubsort mit den Nobelvillen ist ein beliebter Treff des Jetset. Etwas vom andalusischen Flair hat in der am Hang gelegenen Altstadt von Marbella überdauert. 10 km westlich liegt der Sporthafen **Puerto Banús** mit zahlreichen Edelboutiquen.

60 km südwestl. von Málaga

ESSEN UND TRINKEN
Da Bruno sul Mare
Strandfeeling • Italienisches Restaurant mit schönem Ambiente, feiner Küche und gutem Preis-Leistungs-Verhältnis. Manchmal Livemusik.
Paseo Marítimo s/n • Tel. 9 52 90 33 18 • www.dabruno.com • €€€

◎ Ronda
37 000 Einwohner
Ronda hat sich trotz allen Andrangs seine Identität als andalusische Gebirgsstadt bewahrt. Größte Attraktion der Ortschaft ist die spektakuläre Lage zu beiden Seiten der grandiosen, bis zu 200 m tiefen Tajo-Schlucht, die der Río Guadalevín durchfließt. 1911/12 verbrachte der deutsche Dichter Rainer Maria Rilke hier einige Winterwochen und pries die »unvergleichliche Erscheinung der auf zwei steilen Felsnasen hingehäuften Stadt«. Ronda gilt als Wiege des spanischen Stierkampfes. Umgeben ist die Stadt von der **Serranía de Ronda**, einem wilden, dünn besiedelten Bergland mit reizvollen Dörfern, Wäldern und viel ländlicher Ursprünglichkeit.
100 km westl. von Málaga

MUSEEN
Stierkampfmuseum
Untergebracht in einem Gebäude der berühmten Stierkampfarena, die aus dem Jahr 1784 stammt.
C. Virgen de la Paz 15 • www.rmcr. org • tgl. außer an Tagen des Stierkampfes 10–18/20 Uhr • Eintritt 7 €

ESSEN UND TRINKEN
Pedro Romero
Deftig • Bodenständige Delikatessen aus der Umgebung werden in diesem netten Restaurant aufgetischt.
C. Virgen de la Paz 18 • Tel. 9 52 87 11 10 • www.rpedroromero.com • €€

Málaga, die Geburtsstadt Pablo Picassos, huldigt ihrem berühmten Sohn mit einem Museum (▸ S. 30), das sie im Palacio de Buenavista einrichtete.

Valencia

790 000 Einwohner

Stadtplan ▸ S. 136/137

Glücklicherweise wurde Valencia bislang weder vom Massentourismus noch von der Schickeria erobert. In den schmalen Einkaufs- und Wohnstraßen der Innenstadt spürt man noch das Flair des »alten« Spaniens. Dennoch gibt sich Valencia auch modern. Szenerestaurants und Designer-Bars zählen hier ebenso zum Stadtbild wie in jeder europäischen Metropole. Vor allem aber manifestiert sich das dritte Jahrtausend im futuristischen Kunst- und Wissenschaftskomplex im Süden der Stadt (▸ S. 33).

HAFEN

Vom Cruise Terminal (Estación de Trasmediterránea), dem Anleger für Kreuzfahrtschiffe, verkehrt ein Shuttlebus zur Haltestelle der Buslinien 4 und 19, die in ca. einer Viertelstunde ins Stadtzentrum fahren.

SEHENSWERTES

Catedral   ▸ S. 136/137, C/D 2

Die Kathedrale wurde im 13. Jh. über den Resten einer arabischen Moschee errichtet und mehrfach umgebaut. Stilrein blieb der gotische Turm El Micalet, das Wahrzeichen von Valencia. Vor dem »Apostelportal« an der Plaça de la Virgen tagt seit dem Mittelalter jeden Donnerstag um 12 Uhr das Wassergericht (»Tribunal de las Aguas«), um Streitigkeiten um die Bewässerung in der Huerta von Valencia zu schlichten. Heute ist es nur noch Touristenattraktion. Im Inneren der Kathedrale wird im ehemaligen Kapitelsaal (14. Jh.) der »Cáliz« aufbewahrt, ein Kelch, den Jesus beim letzten

Valencia im dritten Jahrtausend: Die futuristische Ciutat de les Arts i les Ciències (▸ MERIAN TopTen, S. 33) ist ein Entwurf des Architekten Santiago Calatrava.

Abendmahl benutzt haben soll und der auch als »Santo Grial« (»Heiliger Gral«) bezeichnet wird.

Plaça de l'Almoina s/n • Metro: Pont de Fusta • Mo–Sa 10–18.30, So 14–18.30 Uhr • Eintritt 4,50 €, erm. 3 €

⭐ Ciutat de les Arts i les Ciències (CAC) 🧑‍🦽👫 ▶ S. 137, südöstl. F 4

Valencias Aushängeschild ist die futuristische Kunst- und Wissenschaftsstadt, ein 2 km langer Park mit Wasserflächen und Grünanlagen, in den fünf Bauten des spanischen Stararchitekten Santiago Calatrava eingebettet sind. Die **Agora**, eine schmetterlingsförmige Halle, dient als Eingangsbereich in die Ciutat, **L'Umbracle**, unter dessen eleganten Bögen Palmen gedeihen, als Parkhaus. Der **Palau de les Arts**, Valencias neues Opernhaus, gleicht einem gewaltigen Insekt. Das **Museu de les Ciències Príncipe Felipe** zeigt Ausstellungen zu Themen wie Biologie, Ökologie und Astronomie. **L'Hemisfèric**, ein Planetarium und Kino mit 900 m² großer Leinwand, hat die Form eines Auges. Gezeigt werden Filme zu wissenschaftlichen Themen in spanischer Sprache sowie Lasershows. Der spanisch-mexikanische Architekt Félix Candela entwarf den **L'Oceanogràfic**, einen riesigen Meerwasserzoo.

Av. del Professor López Piñero 7 • Metro: Alameda • www.cac.es
– Museu de les Ciències: Juli–Mitte Sept. tgl. 10–21, ansonsten tgl. 10–19 Uhr • Eintritt 8 €, erm. 6,20 €
– L'Oceanogràfic: Mitte Juni–Mitte Sept. So–Fr 10–19, Sa 10–21, Mitte Sept.–Mitte Juni tgl. 10–20 Uhr • Eintritt 29,70 €, erm. 22,30 €
– Kombiticket Museum, Aquarium und Kino 37,90 €, erm. 28,80 €

Estación del Norte   ▶ S. 137, C 4

Um die Wende vom 19. zum 20. Jh. erfuhr Valencia ein starkes Bevölkerungswachstum. Zugleich wuchs der Wohlstand des Bürgertums, das überall in der Stadt Wohn- und Geschäftshäuser im zeitgemäßen Stil des Modernisme errichtete, der katalanischen Variante des Jugendstils. Ein schönes Beispiel für diese Stilrichtung ist der »Nordbahnhof«, 1917 erbaut, seinem Namen zum Trotz am Südrand der damaligen Stadt gelegen.

C. Xàtiva • Metro: Xàtiva

Jardines de Monforte   ▶ S. 137, F 2

Eine der schönsten Gartenanlagen Valencias sind die Jardines de Monforte. Zwei Teile des Gartens sind im klassizistischen Stil nach französischem Vorbild gestaltet. Eine dritte Zone, der »Bosquete« (Wäldchen), wirkt fast naturbelassen, dem englischen Landschaftsgartenstil der Romantik entsprechend.

Carrer de Montforte • Metro: Facultats • Ende März–Ende Sept. tgl. 10.30–20, ansonsten bis 18 Uhr • Eintritt frei

Monasterio de San Miguel de los Reyes   ▶ S. 137, nördl. F 1

In seiner Monumentalarchitektur erinnert das ehemalige Hieronymitenkloster an den Escorial, den Königspalast bei Madrid. Ab dem Jahre 1545 wurde es, damals eine halbe Tagesreise vom Stadtzentrum entfernt, in der Huerta nördlich von Valencia angelegt. Beachtung verdient vor allem die von zwei Türmen flankierte Renaissancefassade der Kirche (17. Jh.). Deren Querschiff überwölbt eine ausnehmend schöne blaue Kuppel. Seit 1985 beherbergt das Kloster die Biblioteca Valenciana, zu deren Aufgabe es gehört, Schrifttum in valencianischer Sprache zu sammeln.

Avda. de la Constitución 284 • Metro: Sant Miquel dels Reis • Metro: Sant Miquel dels Reis • www.bv.gva.es Bibliothek: Mo–Fr 9–20 (im Aug. bis 14), Sa 9–13.30 Uhr, Führg. s. Website •Tel. 9 63 87 40 00 • Eintritt frei

Puente de la Exposición ▶ S. 137, F 3

Die futuristische Brücke, ein Entwurf des Stararchitekten Santiago Calatrava, erhielt wegen ihrer ungewöhnlichen Form von den Valencianern den Spitznamen »La Peineta« (»der Kamm«). Mit nur einem 14 m hohen Bogen überspannt die Stahlkonstruktion in einem kühnen Schwung den Río Túria.

Metro: Alameda

Torres de Serranos ▶ S. 136, C 1

Von der mächtigen Stadtmauer Valencias blieb dieses beeindruckende Nordtor erhalten. Im 14. Jh. wurde einer der besten damaligen Baumeister, Pere Balaguer, damit beauftragt, den wichtigsten Eingang in die Stadt zu sichern. Dabei orientierte er sich am Vorbild der südfranzösischen Festungsstadt Carcassonne. Zwei fünfeckige Türme flankieren einen Durchlass, der gerade eben groß genug war, um einen Reiter oder einen Wagen hindurchzulassen. Vom 16. Jh. bis 1887 dienten die Türme als Gefängnis für adelige Straftäter. Heute dürfen Besucher bis auf die oberen Plattformen steigen, wo sich ein schöner Blick über die Stadt bietet.

Plaça de los Fueros • Metro: Pont de Fusta • Di–Sa 10–19, So, feiertags 10–15 Uhr • Eintritt 2 €

MUSEEN

Museo de Bellas Artes ▶ S. 137, E 1

Eine der größten und bedeutendsten Gemäldesammlungen Spaniens. Neben valencianischen Malern findet man auch Werke von El Greco, Goya und Velázquez.

C. San Pio V 9 • Metro: Pont de Fusta • http://museobellasartesvalencia. gva.es • Mo 8–17, Di–So 8–19 Uhr • Eintritt frei

SPAZIERGANG

Stadtplan ▶ S. 136/137

Von der Südseite der **Plaça de la Reina** gelangt man durch den lebhaften Carrer de Sant Vicent Màrtir und die schräg links abzweigende Straße **Plaça de Ajuntament** zum Rathausplatz. Dieser ist als Park angelegt, ein Springbrunnen spendet kühles Nass. Blumenhändler bieten ihre Ware feil. Vom Rathausplatz schlägt man den Carrer d'En Llop in westlicher Richtung ein und geht über den Carrer de Sant Vicent Màrtir geradeaus hinweg. Rechts biegt man ein in den Carrer Mùsic Peydró. Korbmöbel, aber auch anderes Mobiliar wird hier verkauft. Dann trifft man auf den Carrer Palafox, der im spitzen Winkel links am Jugendstilgebäude einer Sparkasse vorbei zum **Mercado Central** führt. Nach Durchqueren der Markthalle verlässt man sie bei der Fischabteilung. Weiter geht es nach rechts. Gegenüber erhebt sich die **Lonja**. Die ehemalige Seidenbörse wurde wie eine katalanische Hallenkirche gebaut. Die schlanken, gedrehten Säulen erinnern an Palmen und enden wie diese in einem Schopf aus »Wedeln« im Deckengewölbe. Als einziges Monument Valencias wurde die Lonja de la Seda von der UNESCO zum Welterbe der Menschheit erklärt. An ihr geht man links vorbei durch die Calle Cordellats zur Plaça Compañía und weiter durch die schmale Calle de la Cenia. So gelangt man in das Gewirr der Altstadtgassen. Hier geht es links durch die Calle de la Estamennería Vieja, die in die Calle de la Purisma übergeht. An einem bunten Fliesenbild, das einen Bischof bei einer Taufe zeigt, rechts abbiegen und weiter durch die Calle Correjería. An einigen Antiquitätenhandlungen vorbei hält man auf die **Plaça de la Virgen** zu, den Platz hinter der Kathedrale, wo in einem Springbrunnen die allegorische Bronzefigur des Flussgottes Túria ruht. Dieser Platz ist der Treffpunkt schlechthin. Straßencafés laden zur Rast ein. Anschließend gelangt man durch die Calle de Micalet zurück zur Plaça de la Reina. Dauer: 2 Std.

ESSEN UND TRINKEN

Rías Gallegas ▶ S. 137, D 4
Angenehmer Service • In diesem Spitzenlokal wird die galicische Küche zelebriert – mit ihren frischen Meeresfrüchten. Die Speisekarte wechselt täglich, je nach Marktlage. Der Weinkeller ist gut sortiert. Frühzeitige Reservierung ist erforderlich. C. Cirilo Amoros 4 • Metro: Xátiva • Tel. 9 63 52 51 11 • www.riasgallegas. es • Di–Sa 13–16 und 20–23, So 13–16 Uhr (außer Juli/Aug.) • €€€€

Mar cuatro Tapas ▶ S. 136, D 3
Jede Menge Kleinigkeiten • In modernem, hellem Ambiente werden sorgfältig zubereitete Tapas serviert. Eine Besonderheit sind die Mini-Hamburguesas mit den verschiedensten Belägen. Schön ist es auch, draußen auf der kleinen Terrasse zu sitzen. C. del Mar 4 • Metro: Colón • Tel. 9 63 91 43 50 • www.marcuatro tapas.com • tgl. 13–16 und 20.30–23.30 Uhr • €€€

Torres de Serranos (▶ S. 34): zwei Türme der einstigen Stadtmauer Valencias.

EINKAUFEN

La Querencia ▶ S. 136, C 4
Gut bestückte Weinhandlung zwischen Tradition und Moderne. C. del Pelayo 32 • Metro: Xátiva • www.la-querencia.com • Tel. 9 63 36 00 99

SERVICE
AUSKUNFT
Tourist Info Valencia
▶ S. 136, C 2
Pl. de la Reina 19 • Tel. 9 63 15 39 31 • www.turisvalencia.es • Mo–Sa 9–19, So 10–14 Uhr

Barcelona

1 621 000 Einwohner

Stadtplan ▸ S. 138/139

Um die Jahrhundertwende war Barcelona das Zentrum des »Modernisme«, des katalanischen Jugendstils. Der geniale Antoni Gaudí sowie seine Kollegen Lluís Domènech i Montaner und Josep Puig i Cadafalch verliehen ihr ein neues, aufregendes Gesicht. Und auch heute ist Barcelona immer wieder aufregend, denn die Stadt, die sich täglich neu erfindet, gehört sicherlich zu den spannendsten Metropolen der Welt.

HAFEN

Barcelona besitzt einen der schönsten und größten Häfen am Mittelmeer. In die Stadt gelangt man entweder zu Fuß, mit dem Shuttlebus oder mit dem öffentlichen Hafenbus, der bis zur Kolumbus-Säule, dem Mirador de Colom, fährt.

SEHENSWERTES

L'Aquarium 　▸ S. 139, E 4

Diese Schau von rund 10 000 Lebewesen aus allen Weltmeeren gilt als wichtigste im gesamten Mittelmeerraum. Bedeutendste Attraktion ist ein großes Becken mit mehreren imposanten Haifischen, das die Besucher durch einen 80 m langen Tunnel aus durchsichtigem Acryl unterqueren können.

◻ FotoTipp

ÜBER DER STADT

Im Park Güell liegt einem die Stadt zu Füßen: Von der großen Aussichtsterrasse mit ihren geschwungenen Sitzbänken hat man einen wunderbaren Blick über die Stadt.　▸ S. 37

Moll Espanya del Port Vell • Metro: Drassanes • www.aquariumbcn. com • Mo–Fr 10–20, Sa, So bis 20.30, Juni, Sept. bis 21, Juli, Aug. bis 21.30 Uhr • Eintritt 20 €, Kinder 15 €

Barri Gòtic　▸ S. 139, E 2/3

Das Gotische Viertel mit seinen zahlreichen Monumentalbauten aus dem 13. bis 15. Jh. konzentriert sich vornehmlich auf das Areal innerhalb der ehemaligen Stadtmauer. Überdauert haben nicht nur gotische Gebäude, sondern auch Bauwerke aus anderen Stilepochen. Im Zentrum liegt die **Plaça Sant Jaume**, flankiert vom **Palau de la Generalitat**, dem Sitz der Regionalregierung, und dem Gebäude des **Ajuntament** (Rathaus) mit neoklassizistischer Fassade. Metro: Jaume I

Casa Batlló　▸ S. 139, E 1

Die Casa Batlló zählt zu den größten Meisterwerken von Antoni Gaudí. Der geniale katalanische Architekt befasste sich im Auftrag des Textilfabrikanten Josep Batlló i Casanovas zwischen 1905 und 1907 mit Umbau und Neugestaltung des Gebäudes. Das fantastische Resultat: ein Dach, das Assoziationen mit dem grünbunten Schuppenpanzer eines Drachen wachruft, seltsame, venezianischen Karnevalsmasken gleichende Balkone, schwellende Formen und eine geschuppte Fassade. Pg. de Gràcia 43 • Metro: Passeig de Gràcia • www.casabatllo.es • tgl. 9–21 Uhr • Eintritt inkl. Audioguide ab 29,50 € (online), erm. 26,50 €

Casa Milà (La Pedrera)
▸ S. 139, nördl. E 1

Auch das zwischen 1906 und 1910 von Antoni Gaudí für seinen Freund

Pere Milà geschaffene Wohnhaus am noblen Passeig de Gràcia spiegelt die Genialität des großen katalanischen Architekten wider. Die originelle wellenförmige Steinfassade erinnerte die seinerzeit reichlich verblüfften Barceloner an einen stilisierten Steinbruch, daher gaben sie dem Haus den Namen »La Pedrera«. Im Dachgeschoss informiert der »Espai Gaudí« ausführlich und multimedial über das Lebenswerk des großen Meisters.

Pg. de Gràcia 92 • Metro: Diagonal • www.lapedrera.com • März–Okt. tgl. 9–20, Nov.–Feb. tgl. 9–18.30 Uhr • Eintritt 29/22 €, Kinder 11 €

Castell de Montjuïc   ▶ S. 138, A 4

Der Besuch dieser hoch über der Innenstadt gelegenen Festung lohnt auch wegen der grandiosen Ausblicke. Das eigentliche Kastell mit seinen Verteidigungsanlagen entstand Mitte des 17. Jh. in der Regierungszeit von Felipe IV. und wurde später mehrmals erweitert.

Sants Montjuïc • Funicular (Zahnradbahn) oder Metro: Espanya oder Bus 150 • www.castillomontjuic.com

Catedral de la Santa Creu i Santa Eulàlia   ▶ S. 139, E 3

Zu den größten Kostbarkeiten der Hauptkirche des Erzbistums Barcelona zählen der Chor mit seinem kunstvoll geschnitzten Chorgestühl, die vier szenischen Marmorreliefs auf der Rückseite des Chors (»Trascoro«), dann in einer Kapelle des südlichen Seitenschiffs der berühmte Christus von Lepanto, eine eindrucksvoll gearbeitete hölzerne Christusfigur, die 1571 beim Sieg gegen die türkische Flotte in der Seeschlacht von Lepanto das Kom-

mandoschiff zierte. Sehenswert ist auch der Kreuzgang.

Plaça de la Seu • Metro: Jaume I

Die heilige Familie an der Sagrada Família (▶ MERIAN TopTen, S. 38).

Mirador de Colom 🍴♿   ▶ S. 139, D 4

Zur Seeseite hin steht am Ende der Ramblas die Kolumbus-Säule. Wer zur 60 m hoch gelegenen Aussichtsplattform hinaufsteigt, genießt von dort einen interessanten Blick auf das Hafengelände und die Altstadt.

Plaça del Portal de la Pau • Metro: Drassanes • Mai–Okt. 9–20.30, Nov.–April 10–18.30 Uhr • Eintritt 4,50 €, Kinder 3,50 €

Parc Güell 🍴♿   ▶ S. 139, nördl. E 1

Der von Antoni Gaudí konzipierte Park gehört zu den UNESCO-Weltkulturgütern. Er liegt außerhalb des Zentrums, ist aber mit der Metro einfach zu erreichen und zählt zu

den herausragenden und originellen Sehenswürdigkeiten der Stadt.
C. d'Olot s/n • Metro: Vallcarca • www.parkguell.cat • März–Okt. tgl. 8–20.30/21.30 Uhr • Eintritt 8,50 €

Plaça Reial   ▸ S. 139, D 3

Der palmengesäumte, von schönen Arkaden und pompös verzierten Häuserfassaden im klassizistischen Stil eingefasste »Königliche Platz« zählt zu den würdevollsten Orten im Zentrum der Stadt. Rings um den Platz befinden sich Terrassenrestaurants, Cafés, Bars und Pensionen.
Metro: Liceu

Port Vell/Moll d'Espanya ▸ S. 139, E 4

Die 100 000 m² große Moll d'Espanya, Teil des alten Hafens, ist ein Unterhaltungs-, Freizeit- und Einkaufszentrum, das man über einen 330 m langen Holzsteg (Rambla de Mar) erreicht. Zu den herausragenden Attraktionen zählt neben dem berühmten Aquarium das eigentliche Maremágnum, ein riesiges Freizeit- und Einkaufszentrum.
Metro: Drassanes

Las Ramblas   ▸ S. 139, E 2–D 4

Die stets bevölkerte, fast 1,4 km lange Promenade führt durch das Herz der Innenstadt. Der von Bäumen gesäumte, rechts und links von verkehrsreichen Straßen eingefasste Boulevard verbindet die Plaça de Catalunya mit der Plaça Portal de la Pau (Kolumbus-Statue).
Seit dem 18. Jh. nehmen die Ramblas den Rang einer Flanier-, Einkaufs- und Prachtstraße ein. Die Ramblas werden vor allem im Sommer zur Bühne von Akrobaten, Mimen, Gauklern und Straßenmusikanten. Zu beiden Seiten der Promenade

liegen zahlreiche Cafés, Läden, Hotels, Souvenirgeschäfte, Fast-Food-Lokale und Vergnügungsstätten.
Metro: Catalunya, Liceu oder Drassanes

🔴 Sagrada Família   ▸ S. 139, östl. F 1

Als eine »Predigt aus Stein« bezeichnete Antoni Gaudí einst den von ihm konzipierten Sühnetempel, der zum Wahrzeichen Barcelonas geworden ist. Das der Heiligen Familie geweihte und aus Spenden finanzierte Bauwerk gilt – obwohl auch andere Baumeister beteiligt waren – als Lebenswerk des tiefreligiösen Architekten Gaudí. 1882 begannen die Bauarbeiten, 1883 übernahm Gaudí die Bauleitung, die er bis zu seinem Tod 1926 innehatte.
Zu den bedeutendsten Elementen der Sagrada Família zählen die markanten Türme, die über eine Wendeltreppe bestiegen werden können (nur für Schwindelfreie geeignet), die wundervolle Geburts- oder auch Weihnachtsfassade (mit flügellosen Engeln) und die erst vor wenigen Jahren fertiggestellte Leidensfassade. Um lange Wartezeiten zu vermeiden, Tickets am besten vorher online (mit Zeitfenster) kaufen.
C. de Mallorca 401 • Metro: Sagrada Família • www.sagradafamilia.org • Okt.–März tgl. 9–18, April–Sept. tgl. 9–20 Uhr • Eintritt 15 €, mit Turmbesichtigung 29 €, Kinder frei

MUSEEN

Centre de Cultura Contemporània de Barcelona (CCCB)   ▸ S. 139, D 2

Das Museum entstand durch die architektonisch sehr gelungene Überbauung eines historischen Klosterhofs und der angeschlossenen Gebäude. Es widmet sich der

Flaniermeile, Einkaufspromenade, Laufsteg – die beinahe 1,4 km langen Ramblas (▶ S. 38) werden von Blumenständen, Cafés und geschäftigen Händlern gesäumt.

zeitgenössischen Kunst und Kultur. Für Freunde zeitgenössischer Kunst unbedingt ein Gewinn.
C. Montalegre 5 • Metro: Catalunya • www.cccb.org • Di–So 11–20 Uhr • Eintritt 6/8 €, erm. 4/6 €

Fundació Joan Miró   ▶ S. 138, A 3
Die Fundacío ist Sitz und Ausstellungsgebäude der 1971 von Joan Miró gegründeten Kunststiftung. Schon das von Josep Lluís Sert geschaffene und 1975 eingeweihte Gebäude ist sehenswert. Die Kollektion der Werke von Joan Miró umfasst

mehr als 300 Gemälde und Zeichnungen, zudem 150 Skulpturen.
Parc de Montjuïc • Funicular de Montjuïc • www.fundaciomiro-bcn.org • April–Okt. Di–Sa 10–19, Do bis 21.30, So 10–15 Uhr • Eintritt 12 €, Kinder frei

Museu d'Art Contemporani de Barcelona (MACBA)   ▶ S. 139, D 2
Das avantgardistische Museum bietet der zeitgenössischen Kunst gebührenden Raum. Das Gebäude stammt vom amerikanischen Stararchitekten Richard Meier. Ausgestellt sind auch Werke von Künstlern

wie Antoni Tàpies, Michelangelo Pistoletto oder Christian Boltanski.
Pl. dels Àngels 1 • Metro: Catalunya oder Liceu • www.macba.cat • Mo, Mi–Fr 11–20, Sa 10–20, So, feiertags 10–15 Uhr • Eintritt 10 €, Kinder frei

Museu Nacional d'Art de Catalunya (MNAC) ▶ S. 138, A 3

Das Museum nennt allein 270 Werke aus der Romanik und etwa 300 aus der Gotik sein Eigen. Eine auf der ganzen Welt konkurrenzlose Sehenswürdigkeit sind die romanischen Freskenmalereien, die aus den Apsiden von 29 bedeutenden romanischen Kirchen der katalanischen Pyrenäen stammen. Daneben zeigt das Museum sakrale Gegenstände, Holzskulpturen und Säulenkapitelle.
Palau Nacional, Parc de Montjuïc • Metro: Plaça Espanya • www.mnac.es • Okt.–April Di–Sa 10–18, Mai–Sept. bis 20, So 10–15 Uhr • Eintritt 12 €, Kinder frei, 1. So im Monat frei

⭐ MERIAN Tipp

COLMADO QUILEZ

Liebenswert gepflegter Kolonialwarenladen (»colmado«) für katalanische, spanische und internationale Delikatessen. Gourmets kaufen hier katalanische Wurstwaren, würzigen Schinken, Käsesorten, edle Fischkonserven, Süßwaren, Olivenöle, Cavas, Weine und Spirituosen. Riesenangebot an internationalen Bieren.
Barcelona, Rambla de Catalunya 63 • Metro: Gràcia • www.lafuente.es

Museu Picasso ▶ S. 139, F 3

Das Museum zeigt Werke von Picasso und einigen seiner frühen Zeitgenossen in chronologischer Anordnung. Die Sammlung umfasst auch weniger bekannte Werke Picassos aus seinen frühen Jahren.
C. de Montcada 15–23 • Metro: Jaume I • www.museupicasso.bcn.es • Mo 10–17, Di, Mi, So 9–20.30, Do 9–21.30 Uhr • Eintritt 12 €, erm. 7 €, 1. So im Monat frei

SPAZIERGANG

Stadtplan ▶ S. 138/139
Der Rundgang beginnt nahe dem **Monument a Colom** an der Plaça Portal de la Pau, dort nehmen die **Ramblas** ihren Anfang. Der Weg führt mit leichter Steigung aufwärts in Richtung **Plaça de Catalunya**. Sehenswürdigkeiten unterwegs sind die rechts nahe den Ramblas liegende **Plaça Reial** mit ihren stilvollen Arkaden, dann weiter links der große Wochenmarkt **Mercat de la Boqueria**, der **Palau de la Virreina** aus dem 17. Jh. und die **Església Nostra Senyora de Betlem**. An der Plaça de Catalunya überquert man diagonal den Platz und biegt in den **Passeig de Gràcia** ein. Bei Nr. 41 erreicht man die **Casa Amatller** und die **Casa Batlló** (Nr. 43), wunderbare Beispiele des katalanischen Jugendstils. Man kehrt auf der anderen Seite des Passeig de Gràcia zur Plaça de Catalunya zurück und folgt der Avinguda Portal de l'Àngel durch das Einkaufsviertel bis zur Plaça Nova und der **Catedral de la Santa Creu i Santa Eulàlia**. Danach geht man über den Carrer del Bisbe bis zur Plaça Sant Jaume, dem bedeutendsten Platz im **Barri Gòtic**. Von der Plaça Sant Jaume biegt der Carrer Llibreteria ab, er führt zum **Museu d'Història de la Ciutat**, dem Stadtmuseum, an der Plaça del Rei. Über

die Plaça de l'Àngel, dann weiter über den Carrer de la Princesa, schließlich rechts in den Carrer de Montcada einbiegend, erreicht man dort bei der Nr. 15 das berühmte **Museu Picasso**. Nach dem Besuch führt der Weg durch den Carrer Montcada zur gotischen Kirche **Sta. María del Mar**. Von dort geht es über den Carrer de l'Argenteria zurück zu den Ramblas. Dauer: ca. 3 Std.

ESSEN UND TRINKEN

Bistrot Levante 🌿 ▶ S. 139, D 3
Innovativ • Ein Neo-Bistro mitten in der Altstadt, in dem man gemütlich sitzt und gut speisen kann. Auch das vegetarische Angebot kann sich sehen lassen. Toller Brunch.
Placeta de Manuel Ribé 1 • Metro: Jaume I • Tel. 9 38 58 26 79 • www. bistrotlevante.com • Mi–Fr 13–24, Sa, So 10.30–1 Uhr • €€

Les Quinze Nits ▶ S. 139, D 3
Einfach, aber lecker • Ein wenig an Fast Food erinnernde Gerichte und niedrige Preise bewirken, dass sich abends und wochenends Schlangen vor dem Lokal bilden. Es gibt vor allem katalanische Spezialitäten.
Pl. Reial 6 • Metro: Liceu • Tel. 9 33 17 30 75 • tgl. 12.30–23.30 Uhr • €€

TapaTapa ▶ S. 139, E 1
Beliebtes Szenerestaurant • Bar mit einem außergewöhnlich guten und umfassenden Angebot an Tapas.
Pg. de Gràcia 44 • Metro: Gràcia • Tel. 9 34 88 33 69 • www.tapataparestau rant.com • tgl. 8–1.30 Uhr • €€

Granja Viader ▶ S. 139, D 2
Charme von gestern • Einer der stilvollsten Vertreter der vom Zeitgeist bedrängten Gattung »granja« (Milchbar). Himmlisch: die »horchata« (Erdmandelmilch) und der hausgemachte Käsekuchen.
C. d'En Xuclà 4–6 • Metro: Liceu oder Catalunya • Tel. 9 33 18 34 86 • www.granjaviader.cat • Mo–Sa 9–13.15 und 17–21.15 Uhr

EINKAUFEN

Mercat de la Boquería ▶ S. 139, D 3
Ein Erlebnis: der Wochenmarkt für Lebensmittel und Delikatessen mit seiner würdevollen Markthalle.
La Rambla de Sant Josep 105 • Metro: Liceu • Mo–Sa 8–20.30 Uhr

SERVICE

AUSKUNFT
Barcelona Tourisme ▶ S. 139, E 2
Pl. de Catalunya 17 (UG) • Metro: Catalunya • Tel. 9 32 85 38 34 • www.bar celonaturisme.com • tgl. 8.30–21 Uhr

MALLORCA

»La Luminosa« – »die Erleuchtete« nennen die Mallorquiner ihre Insel, die Luft ist klar, die Sicht weit, und viele Stunden im Jahr lacht die Sonne. Von der größten Baleareninsel geht eine Faszination aus, der man sich kaum entziehen kann. Schroffe Berge wechseln sich ab mit langen Sandstränden, verträumte Dörfer mit verschwiegenen Buchten.

Palma

434 500 Einwohner
Stadtplan ▶ S. 140/141
Viel gibt es zu sehen in der Inselhauptstadt Mallorcas, die auf eine zweitausendjährige Geschichte zurückblickt. Palma ist eine richtige Großstadt, aber gut überschaubar. Schnell gelangt der Besucher von den breiten Zufahrtsstraßen in die

anheimelnden schmalen Gassen der Altstadt, wo die Sehenswürdigkeiten auf engstem Raum stehen.

HAFEN

Die Docks der Kreuzfahrtschiffe liegen zwischen 5 und 7 km vom Stadtzentrum entfernt. Man erreicht es mit Shuttlebussen der Reedereien (9/6 €) und der öffentlichen Buslinie 1 (1,50 €).

SEHENSWERTES

Almudaina   ▶ S. 140, B 4

Die Geschichte dieses Palastes ist die Geschichte der Stadt: ehemals Festung der arabischen Herrscher, später Residenz der Mallorquiner Könige, danach Sitz des Gouverneurs und schließlich der balearischen Militärkommandantur. Der kürzlich renovierte Südteil des gotischen Bauwerks mit dem prächtigen Thronsaal ist zur Besichtigung freigegeben, sofern nicht König Felipe gerade auf Mallorca weilt und den Palast für Empfänge nutzt.

Carrer del Palau Reial • April–Sept. Di–So 10–20, Okt.–März Di–So 10–18 Uhr • Eintritt 7 €, erm. 4 €

3 La Seu (Kathedrale) ▶ S. 140, C 4

Am Anfang dieses herausragenden Beispiels gotischer Architektur stand ein Gelübde, das König Jaume I. vor der Schlacht gegen die arabischen Herren der Insel abgegeben haben soll. Nach dem Sieg wurde 1230 der Grundstein auf den Ruinen der Hauptmoschee gelegt. Die Fertigstellung der Kathedrale dauerte insgesamt 300 Jahre. Anfang des 20. Jh. durfte Antoni Gaudí, der Genius des katalanischen Jugendstils, Hand mit anlegen. Seine Änderungen, die vielfach mit dem Über-

flüssigen »aufräumten«, gaben dem Innenraum Klarheit und Weite. Bewundert wird von allen Besuchern die natürliche Beleuchtung. Die Sonnenstrahlen fallen durch Tausende von bunten Einzelscheiben und machen das mächtige Bauwerk zu einer Kathedrale des Lichts.

Plaça de l'Almoina • www.catedralde mallorca.org/de • Mo–Fr 10–17.15/ 18.15, Sa 10–14.15 Uhr • Eintritt Kathedrale/Museum 7 €

Sa Llotja (La Lonja)   ▶ S. 140, A 4

Die alte Warenbörse dient heutzutage als Ausstellungsraum. In seiner langen Geschichte wurde das gotische Meisterwerk aus dem 15. Jh., dessen Säulen sich wie Palmen auffächern, u. a. für Karnevalsveranstaltungen genutzt.

Plaça Llotja, am Passeig de Sagrera • Di–Sa 10.30–13.30 und 17.30–23, So 10.30–13.30 Uhr • Eintritt frei

MUSEEN

Es Baluard — Museu d'Art Modern i Contemporani   ▶ S. 140, westl. A 3

Das Kunstmuseum, integriert in der alten Stadtmauer, beherbergt Klassiker der Moderne wie Miró und Picasso, aber auch Werke zeitgenössischer Meister wie Kiefer und Baselitz. Schöner Blick auf den Hafen.

Plaça Porta de Sta. Catalina 10 • www. esbaluard.org • Di–Sa 10–20, So 10–15 Uhr • Eintritt 6 €, erm. 4,50 €

SPAZIERGANG

Stadtplan ▶ S. 140/141

Der Rundgang durch die Altstadt La Portella beginnt an der **Plaça de la Reina**. Eine breite Treppengasse, die Costa de la Seu, führt entlang dem Gemäuer des Almudaina-Palastes zur Plaça de l'Almoina mit

Die ehrwürdige Kathedrale von Palma, im Volksmund La Seu (▸ MERIAN TopTen, S. 42) genannt, überragt eindrucksvoll den Hafen.

der alles beherrschenden **Kathedrale**. Gleich nebenan liegt der **Almudaina-Palast**. Durch die Gassen Estudi General und Zanglada gelangt man zur Calle Almudaina, über die sich der **Almudaina-Bogen** spannt. Man passiert den nicht gerade großen, aber bekannten Bogen und nimmt die Calle Morey in Richtung Meer. Auf dem Weg zu den Arabischen Bädern stößt man auf den **Palau Oleza**, ein Paradebeispiel der mallorquinischen Stadtpaläste. An der folgenden Gabelung nimmt man die schmale linke Gasse, sie

heißt **Portella** wie das gesamte Viertel. Am Ende der Gasse biegt man links ab und läuft die Calle Serra hoch. Die **Arabischen Bäder** zur Rechten stellen das einzige Gebäude aus maurischer Zeit dar. Die Gassen Santa Clara und Pare Nadal führen nun zur Klosterkirche **Sant Francesc** aus dem 13. Jh. Die rückwärtige Fassade des Konvents grenzt an die mit Palmen und Platanen begrünte Plaça Quadrado. Die westlich davon abzweigenden Parallelgassen Can Sanç und Can Savellà sind beide sehenswert. In Letzterer steht der **Palau Vi-**

vot. Der Stadtpalast des Marqués de Vivot aus dem 18. Jh. kann nur nach Anmeldung besichtigt werden. Vom Adelshaus führt der Weg nun in die Can Sanç zu Palmas ältester Schokoladeria **Can Joan de S'Aigo**. Die Einrichtung ist plüschig, der Kakao dick und süß, so haben ihn schon Joan Miró und andere berühmte Gäste genossen. Gestärkt geht man zur Kirche **Santa Eulària**, errichtet im 13. Jh., mit auffallend schönem Glockenturm. Sehr weltlichen Schmuck findet man in den Auslagen der Geschäfte der **Calle Argenteria**, die über die Calle Bosseria zur Plaça Marquès del Palmer führt. Nur wenige Schritte sind es noch zur **Plaça Major**. Von diesem Hauptplatz mit Bogengang zweigen die großen Straßen Sindicat, Sant Miquel und, hinter dem Teatre Principal, die **Rambla** ab. Man kehrt nach einem gemütlichen Rundgang unter den Arkaden in die Bosseria zurück und nimmt die Geschäftsstraße Jaume II bis zur Plaça Cort, wo das **Rathaus (Ajuntament)** steht. Über Carrer de Sant Domingo, Plaça del Rosari, Constitució und Carrer dels Paraires kehrt man zur Plaça de la Reina zurück. Dauer: 2 Std.

ESSEN UND TRINKEN

Es Baluard　　　▶ S. 140, westl. A 3
Gaumenkitzel • Der Küchenchef interpretiert mallorquinische Küche wie kaum ein anderer. Probieren Sie Entenbrust mit Olivensauce, Kaninchenrücken mit Marzipan oder Lammschulter mit »Sobrassada« (luftgetrocknete Rohwurst) und Auberginen – einfach delikat!
Pl. Porta de Sta. Catalina 10 • Tel. 8 71 23 49 54 • www.restaurantesbaluard. com • tgl. 10–24 Uhr • €€€

Iceberg Speiseeis 🍃
Vanille war gestern • In den beliebten Eisdielen gibt es Choco-Chili-, Black-Sesam- oder Wasabi- oder wie wäre es mit Ziegenkäse-Eis? Und das Schöne an den fantasievollen Fruchteiskreationen: Es werden keine künstlichen Aromen, sondern nur frische Früchte verwendet. Auch Farb- und Konservierungsstoffe bleiben draußen.
www.iceberg-mallorca.com
– C. Apuntadores 12　　▶ S. 140, B 3
– C. Palau Reial Nr. 3　　▶ S. 140, C 4

EINKAUFEN

Horno Santo Cristo　　▶ S. 140, B 3
Seit 150 Jahren werden hier »ensaimadas« (Hefeteiggebäck) gebacken, laut Volksmund die besten der Stadt. Nicht abbeißen, sondern abreißen!
C. Paraires 2 • http://hornosantocristo.com

SERVICE
AUSKUNFT
O.I.T. de Mallorca　　▶ S. 140, B 3
Pl. de la Reina 2 • Tel. 971 17 39 90 • www.infomallorca.net • Mo–Fr 8.30–20, Sa bis 15 Uhr

Ausflüge
◎ Andratx
11 900 Einwohner
Das Landstädtchen ist von seinem Fischerhafen, der längst zum schicken Jachthafen avanciert ist, nur 5 km entfernt – und dennoch eine ganz andere Welt. In den winkligen Gassen ist alles beim Alten geblieben. Nach wie vor bewachen zwei Gebäude den Ort: die wehrhafte Pfarrkirche **Santa Maria** aus dem 13. Jh., von deren Vorplatz man eine wunderbare Aussicht genießt, und das Landgut **Son Mas**, ur-

sprünglich eine maurische Festung und seit 1998 Rathaus von Andratx.
30 km westl. von Palma

◎ Atelier Joan Miró

»Wenn ich nicht mehr bin, sollen die Ateliers erhalten bleiben«, verfügte Miró vor seinem Tod im Dezember 1983. Und so kann der Besucher nun auch den Arbeitsplatz und einige unvollendete Werke betrachten, als sei der Meister der Moderne nur kurz aus dem Haus gegangen.
Atelier Son Boter und Studio Sert: Cala Major, C. Joan de Saridakis 29 • Di–Sa 10–19, So 10–15 Uhr • Eintritt 8 €, erm. 4 €, Kinder frei, Sa ab 15 Uhr frei
7 km südwestl. von Palma, oberhalb von Cala Major

◎ Valldemossa

2010 Einwohner
»Es ist der schönste Ort, den ich je bewohnt habe«, schwärmt die französische Schriftstellerin George Sand in ihrem berühmten Mallorca-Buch. Viele Besucher, die sich dem Häusergewirr der Kleinstadt am Fuße des 1062 m hohen **Teix** nähern, werden ihr zustimmen. Es sind nicht gerade wenige, die an schönen Sommertagen mit Reisebussen und Autos angereist kommen, und die meisten wollen das Kartäuserkloster besichtigen, in dem George Sand und Frédéric Chopin den Winter 1838/1839 verbrachten.
25 km nördl. von Palma

SEHENSWERTES/MUSEEN
Cartoixa (Kartause)
Auch königliche Kartause genannt, denn die Anlage besteht aus der neoklassizistischen Kirche, dem angebauten Kloster und dem Palast des Königs Sanxo. Hier lebten die Kar-

täusermönche in der Zeit von 1399, als Martí der Gütige ihnen den Besitz vermachte, bis 1835, als alle Klöster enteignet wurden. Natürlich richtet sich das Hauptaugenmerk der Besucher auf jene Zellen, in denen das berühmte Paar Sand/Chopin drei Jahre später Unterkunft fand.
Plaça de Cartoixa • www.valldemossa.com • Mo–Sa 9.30–18.30, So 10–13 Uhr • Eintritt 9,50 €, Kinder frei

⭐ MERIAN Tipp

MIT DEM »ROTEN BLITZ« NACH SÓLLER

An vergangene Zeiten erinnert schon der Bahnhof an der Plaça Espanya in Palma. Das Stationsgebäude aus Naturstein hat grüne Fensterläden, und den Bahnsteig überspannt der schmiedeeiserne Schriftzug »Ferrocarril de Sóller«. 1912 wurde diese Linie in Betrieb genommen. Mit viel Getute rattert der Zug durch Palmas Vororte, durchquert Getreidefelder und Baumkulturen. Über Hochbrücken und zeitweise im Kriechtempo nähert sich der »Rote Blitz« der Serra d'Alfàbia, die sich schroff und steil vor den Gleisen erhebt. Es wird dunkel, es wird hell – der erste Tunnel ist durchfahren, zwölf weitere folgen. Die Zeit am Mirador del Pujol des Banya reicht für Fotos und einen Blick auf die roten Dächer von Sóller. Pfeifen, anruckeln, abwärts geht es. Der Zug läuft in den schmucken Bahnhof ein. Am besten gleich zu Fabrica de Gelats (Plaça des Mercat) gehen: Das Eis ist ein Gedicht.
Abfahrtszeiten ab Palma: April–Okt. 8, 10.50, 12.15, 15.10 Uhr; ab Sóller: 10.10, 12.15, 14, 18.30 Uhr • www.trendesoller.com

Die Häfen am Mittelmeer

Alte Hafenstädte wie Messina, Syrakus, Valletta, Neapel und Barcelona blicken auf eine lange und zum Teil sehr wechselvolle Geschichte zurück.

Als ältester Hafen am Mittelmeer gilt der Anlegeplatz der Kykladeninsel Delos aus dem 8. Jh. v. Chr. Noch deutlich lassen sich eine Kiesschüttung für den Kai und eine Steinschüttung für die Mole zum Schutz gegen die Stürme erkennen. Erst die Phönizier begannen, für die Hafenanlagen (und zugehörige Befestigungen) den Quaderbau zu verwenden. Zu den größten Hafenanlagen der Antike gehörte das sizilianische Syrakus, das im 8. Jh. v. Chr. von griechischen Siedlern gegründet wurde. Auch heute besitzt das auf einer Insel gelegene Syrakus noch einen bedeutenden Hafen. Die Römer übernahmen den griechischen Hafenbau

vermutlich aus Sizilien. Unter Kaiser Claudius wurde Ostia, die antike Hafenstadt bei Rom, zum modernsten Anlegeplatz des Imperiums ausgebaut. Die großen römischen Häfen verfügten über Molen mit Leuchtturm, Kai, Ladekränen, Werften, Lagerschuppen und Hafenbüros.

Stretto di Messina

In Süditalien konnten sich die Seefahrer an den Vulkanen orientieren. Der Ätna überragt den Hafenort Taormina um 3350 m. Kreuzfahrtschiffe legen jedoch in Messina an der nordöstlichen Spitze Siziliens an. Über die 400 m breite Hafeneinfahrt von Messina wacht eine

◄ Ritterfestung und moderner Umschlagplatz: Vallettas Hafen (► S. 97).

vergoldete Madonna auf einer 60 m hohen Säule, die auf einem Festungsturm errichtet wurde. Der sichelförmige Naturhafen, dem Messina im Altertum den Namen Zankle (Sichel) verdankte, liegt an der Meerenge von Messina, die im Norden bei der Einfahrt aus dem Tyrrhenischen Meer zwischen Punta del Faro und Punta Pezzo nur 3200 m breit ist.

Hafen von Neapel

Zwischen den Inseln Ischia und Procida auf der Backbord- und Capri auf der Steuerbordseite laufen die Kreuzfahrtschiffe in die Bucht von Neapel ein. Hier herrscht reger Schiffsverkehr, »traghetti« (Fähren), »aliscafi« (Tragflügelboote) und »navi veloci« (Schnellboote) verkehren von der Millionenstadt Neapel aus nicht nur zu den Inseln Ischia, Procida und Capri, sondern auch nach Sorrent und zur Amalfiküste (www.traghettionline.net). Autofähren verbinden Neapel mit der sizilianischen Hafenstadt Palermo und mit Cagliari auf Sardinien.

Als höchste Erhebung Capris ragt der Sonnenberg, der Monte Solaro, 589 m auf. Der Vesuv, den man geradeaus vor sich hat, ist mit 1281 m etwa doppelt so hoch. Die Kreuzfahrtschiffe machen in Neapel an den Kais der Stazione Marittima fest, ein imposanter Prachtbau aus der Mussolini-Ära. Zwischen Stazione Marittima und dem Molo San Vincenzo legen die Fähren nach Capri ab.

Maltas Hafen Valletta

Die Kreuzfahrer befestigten im Mittelalter den maltesischen Hafen Valletta so weit, dass er sich praktisch nicht einnehmen ließ. Ohnehin kam Hafenbefestigungen ein sehr hoher Stellenwert zu.

In Tanger und Algier unterhielten die Freibeuter sogar bis ins frühe 19. Jh. Befestigungen. Hafenstädte wurden von der See aus überfallen, Schiffe aufgebracht und Besatzung und Passagiere in die Sklaverei verschleppt. In Valletta laufen die Kreuzfahrtschiffe zwischen dem St. Elmo Lighthouse und Fort Ricasoli in den Hafen ein und machen an den Pinto Wharves an der Nordwestseite des Hafenbeckens fest. Von dort aus lässt sich die Stadt problemlos zu Fuß, mit der Kutsche – die romantische Alternative – oder dem Taxi erkunden.

Prunkhafen Barcelona

Einer der schönsten Häfen am Mittelmeer ist der von Barcelona. Weithin sichtbar ist die Kolumbus-Säule von 1888, das Monument a Colom, das nur einen Steinwurf von der Estació Maríttima an der Moll (Mole) de Barcelona, an der die Kreuzfahrtschiffe festmachen, entfernt liegt. Die Seilbahn (Transpordador Aeri) schwebt über das Hafenbecken hinweg, und die geschwungene Fußgängerbrücke (Rambla de Mar) führt von der Kolumbus-Säule zum Freizeitgelände Moll d'Espanya und dem Aquarium.

Die Häfen im Netz

Sämtliche Mittelmeerhäfen werden auf der Homepage www.medcruise. com vorgestellt. Die Website www. whatsinport.com gibt einen Überblick über alle (Kreuzfahrt-)Häfen weltweit mit weiteren Links. Beide Seiten informieren auf Englisch.

Frankreich

Savoir-vivre vor den malerischen Kulissen der Hafenstädte des Festlands, herbe Landschaften und herrliche Strände auf der »Île de Beauté«, der Insel Korsika.

◄ Lebensart à la française: in einem Café in Aix-en-Provence (▶ S. 51).

Leben wie Gott in Frankreich! Hier können Gourmets und Genießer sich von Aromen und Farben verführen lassen: schwarze Oliven, exquisite Trüffel, Lavendel oder Kräuter der Provence verfeinern nicht nur mediterrane Fischgerichte, sondern verleihen der malerischen Kulisse sogar eine romantische Note …

Marseille

900 000 Einwohner

Eine Hafenstadt mit einem legendär schlechten Ruf? Das ist längst vorbei. Mit Milliardenaufwand wurde in den vergangenen Jahren das städtebauliche Projekt **Euroméditerranée** vorangetrieben, ein 310 ha großes Dreieck vom Hafen bis zum Bahnhof wird verschönert, damit es den Ansprüchen des 21. Jh. für einen »Leuchtturm am Mittelmeer« genügt. Hotels, Büroräume, Parks und Geschäfte sind im Entstehen, ebenso Filmgelände, Hafenterrassen und Kreativquartiere.

HAFEN

Größere Kreuzfahrtschiffe legen an der Mole Léon Gourret im Grand Port Maritime de Marseille, ca. 7 km nördlich des Alten Hafens an. Der Shuttle zum Vieux Port kostet 10 bis 15 €, die Fahrt mit dem Taxi ca. 20 €. Die Buslinie 35 (15 Min., 2 €) fährt in die Stadt.

SEHENSWERTES
Corniche Kennedy

Das schönste und eleganteste Stück der Stadt mit einer fast 4 km langen Promenade wurde nach der Revolution 1848 gebaut.

Parc Borély

Die Grünanlage um ein Schloss aus dem 18. Jh., mit See und **Botanischem Garten**, liegt nahe am Strand.
Avenue du Prado • Bus: 19, 44, 83 (Borély) • Schloss: Di–Sa 9.30–18.30 Uhr • Eintritt 3 €, mit Führung 6 €, Park frei

MUSEEN
Musée d'Art contemporain

Auf 4000 m² zeitgenössische Kunst: von Neuen Realisten wie Jean Tinguely und Robert Rauschenberg bis zur Arte povera, dazu Filme und Videos.
69 av. d'Haïfa • Métro: Rond-Points du Prado • www.culture.marseille.fr • Di–So 10–18 Uhr • Eintritt 9 €

Musée Cantini

Sammlung mit moderner und zeitgenössischer Kunst: Fauves, Surrealisten, Kubisten, dazu Fayencen aus Marseille und Moustiers.
19 rue Grignan • Métro: Estrangin-Préfecture • Di–So 10–18 Uhr • Eintritt 5 €

SPAZIERGANG

Vom Vieux Port kommt man auf der linken Hafenseite, dem Quai de Rive-Neuve, schnell in die Fußgängerzone um das **Carré Thiars** mit italienischem Flair und zum **Cours Honoré-d'Estienne-d'Orves**, in den 1980er-Jahren über einem Parkhaus entstanden. An der **Oper** vorbei, einem Art-déco-Bau der frühen 1920er-Jahre, erreicht man die einstige Prachtstraße **Canebière**. Wer es schafft, die Straße in Höhe **Cours Belsunce** trotz des nicht abreißenden Autostroms zu überqueren, glaubt sich plötzlich in einer anderen Welt. Der »Bauch von Marseille« verströmt Düfte wie die Souks von

Marrakesch. **Noialles** heißt das Viertel, das bis zur Place du Marché des Capucins reicht und dessen Hauptachse, die **Rue d'Aubagne**, wie ein immerwährender Markt anmutet. Zur Aperitifzeit und danach ist **La Plaine** angesagt, das Viertel, das sich von der Place Jean-Jaurès südöstlich der Canebière bis zum **Cours Lieutaud** erstreckt, allabendlich Ziel von Musik- und Theaterfreunden. Stadtspaziergänger wenden sich wieder dem Vieux Port zu, sehen im **Jardin des Vestiges** Reste des römischen Hafens und Bollwerke, die bei Ausgrabungen in der nahen Rue Barbusse zutage traten, und folgen dem Quai du Port bis zum barocken **Rathaus**. Im ältesten Viertel Marseilles, im »korsischen Dorf« **Panier**, das früher eine Fischersiedlung war, muss man unzählige Stufen hinaufsteigen zur **Vieille Charité** aus dem 17. Jh. – ein von Pierre Puget gebautes Armenhaus, das heute, nach behutsamer Restaurierung, Ausstellungen beherbergt. Wer auf die **Place de la Joliette** hinunterblickt, wo auf 2 ha Land aus den alten Docks ein neues Nobelviertel gewachsen ist, fühlt sich an die Entwicklung der Speicherstädte in London und Hamburg erinnert. Gegenüber, auf der anderen Seite des Vieux Port, sieht man auf dem Berg die Basilika **Notre-Dame-de-la-Garde**, wo die goldene Mutter Gottes gleichsam über der Stadt schwebt. Zwei Forts, **Saint-Jean** und **Saint-Nicolas**, scheinen nach wie vor die Hafeneinfahrt zu schützen, und ganz nah vor der Stadt liegen die Inseln, eine mit dem Château d'If, der im 16. Jh. errichteten Festung mit dem Staatsgefängnis.

Dauer: ca. 3 Std.

Vor der Kulisse des Doms und des Papstpalastes in Avignon (▶ S. 51) lässt sich perfekt ein Kaffee trinken und das Flair der geschichtsträchtigen Stadt erspüren.

ESSEN UND TRINKEN
Chez Fonfon
Berühmt • Fonfon bietet einen wunderbaren Blick und exklusives Essen, etwa Fisch in Tonkruste gegart.
140 vallon des Auffes • Tel. 04 91 52 14 38 • www.chez-fonfon.com • tgl. 12–14 und 19–22 Uhr • €€€€

Chez Toinou
Marseiller Institution • Kleines Lokal mit 40 Tischen. Ausschließlich Meeresfrüchte werden hier serviert.
3 cours Saint-Louis • Tel. 04 91 33 14 94 • www.toinou.com • tgl. 11.30–22 Uhr • €€€

EINKAUFEN
Chez Bataille
Ein wahres Feinkostgeschäft regionaler Produkte – und ein Eckchen zum Kosten existiert auch.
16–18 rue Fontange

La Compagnie de Provence 🌿
Marseiller Seife ist ein reines Naturprodukt aus Oliven-, Palm- und Kopraöl und enthält weder Farbstoffe noch andere künstliche Zusätze. Im Flagshipstore wird sie z. B. als traditionelles Seifenstück angeboten.
18 rue Francis Davso • www.compagniedeprovence.com

SERVICE
AUSKUNFT
Office de Tourisme (OTCM)
11 La Canebière • Tel. 04 91 13 89 20 • www.marseille-tourisme.com

Ausflüge
◎ Aix-en-Provence
158 000 Einwohner
Aix, so sagt man, ist die schönste Stadt der Provence. Der **Cours Mirabeau** ist die Prachtstraße unter einem Platanendach, das die Sonne filtert. Römisch elegant und zeitlos präsentieren sich die gelben Stadtvillen aus dem 17. und 18. Jh. Ein C im Pflaster führt zu den Spuren des Malers **Paul Cézanne**, der 1839 in Aix geboren wurde und 1906 hier starb. Irgendwo plätschert ein Brunnen, 101 soll es davon in der Stadt geben, die 122 v. Chr. als erste römische Siedlung in Gallien gegründet wurde. In den schmalen Altstadtgassen nördlich des Cours Mirabeau reihen sich kleine exklusive Läden, Restaurants und Cafés.
20 km nördl. von Marseille

◎ Avignon
92 000 Einwohner
Die Stadtmauer mit Türmen und Zinnen aus dem 14. Jh. erstreckt sich über insgesamt 4,8 km und umgibt die gesamte Altstadt. Übermächtig thronen **Papstpalast** und **Rocher des Doms** über dem Stadtrand, und die letzten vier der einst 22 Arkadenbögen der berühmten Brücke aus dem 12. Jh. spiegeln sich im Fluss. Zwischen 1309 und 1377, als sieben Päpste hier regierten, führte Kopfsteinpflaster zur Barthelasse-Insel hinüber; jetzt kann man die Fähre nehmen. Vier Päpste haben den Palast gebaut und das unbedeutende Avignon in den Blickpunkt der Öffentlichkeit gerückt. Zentrum der Stadt ist die **Place de l'Horloge** mit Restaurants, Cafés und einem altmodischen Kinderkarussell. Aus den Nebenstraßen der Fußgängerzone weicht mit Geschäftsschluss das Leben. Dann wird es in der Rue des Teinturiers gemütlich, wo sich mit kleinen Läden und Restaurants ein Szeneviertel entwickelt hat.
80 km nördl. von Marseille

Cannes

74 000 Einwohner

Ganz Cannes ist eine Bühne, vielleicht auch eine Lebensart – dann jedoch eine vielschichtige, es scheint alles nebeneinander seinen Platz zu finden. Man könnte es für die Heimat von allen Verrücktheiten halten: denen von vorgestern, gestern und denen von heute. Und das macht die Anziehungskraft und den Reiz dieser Stadt aus, jedenfalls einen Teil davon. Zum anderen Teil gehören Kultur- und Business-Events am laufenden Band. Was wäre der Ort ohne die Reichen, die sich vor 150 Jahren hier niederließen, ohne die Prominenten, ohne den Hype des Filmfestivals? Cannes ist wie eine Operette, der schöne Schein ist nur dezent verstaubt, gerade so, dass man von Patina sprechen kann. Berühmte Museen, Bauwerke oder Galerien gibt es nicht. Besucher begnügen sich mit der Croisette, den Nobelrestaurants und den Luxusboutiquen in der Rue d'Antibes.

HAFEN

Die großen Kreuzfahrtschiffe liegen vor dem Hafen vor Anker, und die Passagiere werden mit dem Tenderboot in den Alten Hafen an Land gebracht. Man landet mitten im bunten Treiben der Altstadt.

SEHENSWERTES

Altstadt Le Suquet

Die Wiege der Stadt liegt auf einem Hügel. Gegenüber dem Hafen führen Wege hinauf. Boutiquen und Restaurants säumen die steile Rue Antoine, abends ein Speisesaal unter Sternenhimmel mit traumhaftem Hafenblick. Enge Gassen und Treppen winden sich durch das Viertel.

La Croisette 👫

Cannes' Prachtstraße sollte die Promenade des Anglais in Nizza imitieren, und es hat fast 20 Jahre gedauert, bis der von Palmen gesäumte Boulevard gesellschaftsfähig war. Den Namen hat die Croisette nach einem Kreuz (»croix«) erhalten, das dort stand, wo die Bucht von Cannes endete und Golfe-Juan begann, ein Ort, wo sich Pilger trafen. Schöne (und teure) Hotelpaläste reihen sich aneinander, Edelboutiquen und blühende Gärten. Viel junges Volk drängt sich im Sommer an den wenigen öffentlichen Strandabschnitten. Im Winter wechselt das Publikum, es ist wohlhabend und deutlich älter. Am Port Canto gibt es gepflegte Gärten und Spielplätze (abends wunderschöner Blick auf Stadt und Suquet), und am Ende lockt das berühmte **Casino Palm Beach**.

Palais des Festivals et de Congrès

Der Festivalpalast, dessen 24 Stufen jedes Jahr im Mai beim Wettbewerb um die Goldene Palme für Filmstars aus aller Welt zum Laufsteg der Côte d'Azur werden, ist das bekannteste Gebäude der Stadt. Auf der Esplanade Pompidou vor dem Palast und in den Gärten haben Schauspieler, Regisseure und Berühmtheiten aus der Filmwelt ihre Handabdrücke und Signaturen auf einer »Allee des Lumières« hinterlassen.
Boulevard de la Croisette

SPAZIERGANG

Man startet am besten am **Festivalpalast**. Da ahnt man schon, dass es später noch eines intensiveren Blickes in die **Rue d'Antibes** bedarf, um zu erfahren, was Reiche wie Schöne

Das Herzstück von Cannes (▶ S. 52) mit Jachthafen, Festivalpalast, Stränden und natürlich der berühmten Promenade: das Cap Croisette.

derzeit gerade tragen. Der **Festival-palast**, eine Bausünde aus dem Jahr 1982, ist höchstwahrscheinlich von zahllosen Lastwagen umstellt, die Kulissen für eine Veranstaltung an- oder abtransportieren. Wer mit dem Auto unterwegs ist, findet hier (wie auch am Bahnhof) ein Parkhaus.

Am Quai Saint-Pierre la Pantiéro und am Alten Hafen, **Vieux Port**, vorbei an den neuen Luxusjachten, geht es die steile **Rue Saint-Antoine** hinauf (eine stattliche Zahl recht guter Restaurants reiht sich hier an- einander) zur Altstadt, Le Suquet, am Mont Chevalier. Im alten Schloss kann man seit 1922 das **Musée de la Castre** (Di–So 10–17 Uhr) be- suchen. Ein mittelalterlicher Wehr- turm und die Kirche **Notre-Dame- d'Espérance** aus dem 16. Jh. sind erhalten.

Nach einem ausgiebigen Blick auf Stadt und Hafen geht es wieder hi- nunter, am **Marché Forville** vorbei, wo man häufig Cannes' beste Köche beim Einkaufen trifft, und die **Rue Meynadier** mit schönen Läden hi- nunter. Vormittags lohnt auch der Rückweg über den platanenbestan- denen Platz **Allées de la Liberté** mit seinem Blumenmarkt (tgl. vormit- tags außer Mo, Sa Flohmarkt), bevor die Croisette »Seh-Leute« aller Art anlockt.
Dauer: 2 Std.

ESSEN UND TRINKEN
Table 22
Erstklassig • Die Rue Saint-Antoine, die die Altstadt hinaufführt, ist die Gourmetmeile von Cannes, hier sitzt man abends zusammen, hört die Boote im Alten Hafen – oder würde sie hören, würde der Geräuschpegel an den Tischen auf den Terrassen sie nicht bald übertönen. Noël Man- tel, einer der besten Köche der Stadt,

bedient seine Gäste im Sommer im kleinen Innenhof mit Risotto, Artischocken, Pilzen, berühmten Desserts und ausgewählten Weinen.
22 rue Saint-Antoine • Tel. 04 93 39 13 10 • www.restaurantmantel.com • Fr÷Mo 12–14, Mo, Di, Do 19.30–22, Fr–So 19.30–22.30 Uhr • €€€€

Le Bistrot Gourmand
Gut und günstig • Ein kleines Bistrot, das klassische Gerichte auftischt. Alles ist frisch angerichtet, der Service freundlich, die Preise zivil.
10 rue du Dr Pierre Gazagnaire • Tel. 04 93 68 72 02 • www.bistrotgourmandcannes.fr • Di–Sa 12–14 und 19–21.30, So 12–14 Uhr • €

EINKAUFEN
Zwischen der Croisette und der Rue d'Antibes locken die Luxusmarken. Die Markthalle Forville quillt über von Gemüse-, Obst-, Fleisch- und Fischständen. Hier kann sich eindecken, wer ein Picknick plant.

SERVICE
AUSKUNFT
Office de Tourisme Palais des Festivals et de Congrès
1 bd. de la Croisette • Tel. 04 92 99 84 22 • www.cannes-destination.fr

Ausflüge
◎ Antibes
75 000 Einwohner
Hinter den intakten Mauern der ehemaligen Grenzbastion scheint das Meer unendlich weit weg zu sein. Ganz in provenzalischer Manier spielt sich das Alltagsleben in den verwinkelten, blumengeschmückten Gassen der **Altstadt** ab, genau wie auf dem Markt. Das macht Antibes so untouristisch. Wer den Mauern

Von Dienstag bis Sonntag öffnet vormittags der überdachte Markt von Forville (▸ S. 54) – eine Fundgrube für alles Gute aus Küche und Keller der Cote d'Azur.

nach Norden folgt, kommt bald zum **Port Vauban**, zu einem der größten Jachthäfen der Welt.

Der Weg nach Süden, zum **Cap d'Antibes** und nach **Juan-les-Pins**, offenbart, dass der Badeort im Pinienwäldchen, auch als »Vorort« nichts von seiner Exklusivität verloren hat. Die internationale Jazzelite gibt sich hier jährlich im Juli ein weltberühmtes Stelldichein.

11 km östl. von Cannes

MUSEEN

Musée Picasso

Der Postkartenblick aus dem Fenster zeigt Kunst vor Meeresblau. Im einstigen Grimaldi-Schloss, dessen oberstes Stockwerk Picasso 1946 als Atelier nutzen konnte, entstand eine unglaubliche Vielfalt von Arbeiten des Künstlers, die er dem Schloss für das heutige Museum überließ.

Place Mariéjol • www. antibes-juanle- spins.com • Mitte Juni–Mitte Sept. tgl. 10–18, ansonsten 10–13 und 14– 18 Uhr • Eintritt 8 €, erm. 6 €

SPAZIERGANG

Die **Promenade Amiral de Grasse** führt an der Befestigungsanlage entlang. In Richtung Süden blickt man auf das Cap d'Antibes, gen Norden erstreckt sich die Engelsbucht (Baie des Anges). Vom **Cours Masséna** geht es über einen der schönsten Märkte der Küste (Di–So 6–13 Uhr) unterhalb von Kathedrale und **Grimaldi-Schloss** durch die Rue Guillaumont an hübschen Läden vorbei bis zur Place Nationale mit dem **Peynet-Museum**. Zurück führt der Weg durch schmale Gassen mit kleinen Häusern hinter üppigen Blumen (Rues de l'Horloge, des Arceaux, du Bari). Über die Rue du Bas-Castellet

gelangt man auf flachen Stufen ins **Quartier Safranier**. Wenige Schritte weiter erhebt sich die **Bastion Saint-André**.

Dauer: 1,5 Std.

ESSEN UND TRINKEN

La Taverne du Safranier

Schönes Bistro • Ein Ort wie ein provenzalisches Dorf mitten in der Stadt. Man isst Fisch, und es lohnt, eine Bouillabaisse vorzubestellen.

1 pl. du Safranier • Tel. 04 93 34 80 50 • tgl. 12–14.30 und 19–23 Uhr • €€–€€€

KORSIKA

Herrliche Badebuchten, wildromantische Steilküsten, malerische Orte und quirlige Städte: Korsika bietet eine unglaubliche Vielfalt auf engstem Raum. Beliebte Ausflugsziele sind der Süden und Westen der Insel.

Ajaccio

69 000 Einwohner

Der zweitgrößte Hafen der Insel liegt am nördlichen Ende des gleichnamigen Golfes – großzügig mit schönen Alleen und Boulevards, schattigen und weiten Plätzen, farbenprächtigen Märkten und lauten, lebendigen Einkaufsstraßen mit eleganten Boutiquen. Die Stadt wurde von den Römern gegründet (lat. Adiacium), das heutige Saint-Jean-Viertel (Festung) war Ende der römischen Kaiserzeit eine blühende Siedlung, die im 10. Jh. von den Sarazenen zerstört wurde. 1768 verkaufte Genua, vom Widerstand der Korsen zermürbt, die Insel an Frankreich. Ein Jahr später wurde Napoleon im »französischen« Ajaccio am 15. August geboren. Seine Heimatstadt verehrt ihn auf Straßen und Plätzen, in Häusern und mit Denkmälern. Sein Geburtstag fällt auf den Feiertag Mariä Himmelfahrt, und jedes Jahr feiert die Stadt ein großes Fest.

HAFEN
Der Hafen liegt sehr zentral, von den Kreuzfahrtdocks ist man in wenigen Minuten zu Fuß in der Stadt.

SEHENSWERTES
Chapelle Impériale
1857 von Napoleon III. als kaiserliche Grablege bestimmt. Die Gruft birgt die Sarkophage von neun Mitgliedern der Familie Bonaparte.
Rue Fesch, Eingang Musée Fesch

Notre-Dame-de-la-Miséricorde
Die Kathedrale wurde ab 1852 in Form eines griechischen Doppelkreuzes errichtet. In der schlichten Seitenkapelle, von den Einheimischen »Madunuccia« genannt, wurde Napoleon 1771 getauft.
Rue Forcioli Conti/Rue Notre Dame

⭐ MERIAN Tipp

BOOTSTOUR ZU DEN ÎLES SANGUINAIRES
Die vier Inseln mit ihren einzigartigen, oft blutrot flammenden Sonnenuntergängen an der nördlichen Golfküste sind der beliebteste Ausflugsort der Ajacciens und mit dem Boot leicht zu umfahren. Ein Naturschauspiel, das Sie sich nicht entgehen lassen sollten! Bootstouren sind zu buchen bei: Nave va: Tel. 04 95 21 83 97 (Stadtbüro) oder 04 95 51 31 31 (Hafenbüro) • Abfahrt tgl. 14.40, Rückfahrt tgl. 17.05 Uhr • www.naveva.com

Place Marechal Foch
Der schöne Platz am Berührungspunkt von Altstadt und dem Borgo-Viertel ist ein Treffpunkt: Einheimische plauschen im Schatten, Gäste schauen zu Napoleon auf, er thront als Konsul über dem Brunnen.

MUSEEN
Maison Bonaparte
Vor dem schlichten Gebäude (18. Jh.) steht eine Kinderbüste des Königs von Rom, Napoleons II. Im ersten Stock befindet sich das Geburtszimmer Napoleons I. Ansonsten sind Dokumente und Bildnisse der Familie ausgestellt.
Rue Saint-Charles • www.musee-maisonbonaparte.fr • Okt.–März Di–So 10.30–12.30 und 13.15–16.30, April–Sept. 10–12.30 und 13.15–17 Uhr • Eintritt 7 €, erm. 5 €

Palais Fesch
Das Museum zeigt die bedeutendste Sammlung italienischer Meister (von Giotto bis zum 18. Jh.) in Frankreich. Im linken Flügel des Baus ist die Bibliothek Fesch untergebracht – aus Klöstern und Adelshäusern zusammengetragen von Kardinal Joseph Fesch (1763–1839), Stiefbruder von Napoleons Mutter.
50 rue Cardinal Fesch • www.musee-fesch.com • Mai–Okt. tgl. 9.15–18, Nov.–April tgl. 9–17 Uhr • Eintritt 8 €

Salon Napoléonien
In einem prunkvollen Saal des Rathauses (1. Stock) sind Geburtsurkunde und Totenmaske Napoleons, Münzen, Skulpturen und Gemälde der kaiserlichen Familie ausgestellt.
Hôtel de Ville • Mo–Fr 9–11.45 und 14–17.45, im Winter bis 16.45 Uhr • Eintritt 2,50 €, Kinder frei

Beliebtes Ausflugsziel im Golf von Ajaccio: Die Îles Sanguinaires (▸ MERIAN Tipp, S. 56), vier kleine, unbewohnte Eilande, befinden sich an der Nordspitze des Golfs.

SPAZIERGANG

Überall Napoleon: Auf der winzigen **Place Letizia** steht die Büste des »Roi de Rome«, Sohn Napoleons. An Napoleons Vater erinnert das bescheidene Geburtshaus in der **Rue Saint-Charles**/Ecke Rue Letizia, in dem der spätere Kaiser am 15. August 1769 das Licht der Welt erblickte. Von der Place Foch geht es zur Geschäftsstraße **Rue du Cardinal Fesch**, der Hauptstraße des stimmungsvollen alten Hafenviertels Borgo, wo eine Tafel an dem Haus Nr. 28 daran erinnert, dass der Bürgermeister von Ajaccio im Mai 1793 Napoleon drei Tage verbarg und dann in die Provence bringen ließ. Am Ende der Rue Fesch liegt die Chapelle Impériale.

Dauer: ca. 1 Std.

ESSEN UND TRINKEN

Restaurant Le 20123

Außergewöhnlich • Das interessante Ambiente vermittelt den Eindruck, in einer Altstadtgasse zu sitzen. Die Küche überzeugt durch Gerichte, die mit frischen regionalen Produkten zubereitet werden.

2 rue du Roi-de-Rome • Tel. 04 95 21 50 05 • www.20123.fr • tgl. 19–23 Uhr • €€€

Grand Café Napoleon

Belle-Époque-Charme • Regionale Küche im ehemaligen Ball- und Konzertsaal mit sehr gutem Preis-Leistungs-Verhältnis.
10–12 cours Napoleon • Tel. 04 95 21 42 54 • Mo–Sa • €€

EINKAUFEN
Rue Cardinal Fesch
Zahllose Geschäfte bieten Kurzweil: Im Sommer kann man spät shoppen und sich an Straßenkunst erfreuen.

SERVICE
AUSKUNFT
Office du Tourisme
3 bd. du Roi Jérôme • Tel. 04 95 51 53 03 • www.ajaccio-tourisme.com

Ausflüge
◎ **Bonifacio**
3000 Einwohner
Bonifacio: Das ist die **Marina** und das Genueserviertel hoch auf den Felsen. Gegründet wurde die Stadt 828 zur Abwehr der Sarazenen. 1195 eroberten die Genueser die Stadt. In den folgenden Jahrhunderten wechselte oft der Besitzer. 1793 befehligte Napoleon die Besatzung der Festung. Heute regieren die Feriengäste die Stadt: Sie ist eines der teuersten und beliebtesten Zentren der Insel. Das Aquarium ist sehenswert.
130 km südwestl. von Ajaccio

SEHENSWERTES
Altstadt
An den alten vier- bis fünfstöckigen Häusern überraschen an den schmalen Fassaden seltsame Strebebögen, die einst Teil eines Zisternensystems waren. Von der steinernen Brüstung der Belvédère de la Manichella hat man einen herrlichen Blick.

Escalier du Roi d'Aragon
Genau 187 Stufen, vom Meer zerfressen und von den Besuchern ausgetreten, führen vom Meer in die Oberstadt. Der Legende nach ließ Alfons V. von Aragon 1420 in einer Nacht die Stufen schlagen, um die Belagerung zu beenden. Vergeblich.
Place Castello (an der Seebrüstung) • April–Okt. (Dauer: 30 Min.) • Eintritt 2,50 €, Kinder frei

Saint-Dominique
Die Kirche auf dem Areal der Zitadelle ist eine pisanische Gründung (Ende 12. Jh.) und gilt als wichtigstes gotisches Bauwerk der Insel.
April–Okt. Mo–Fr 11–18 Uhr

◎ **Corte**
7400 Einwohner
Bei einer Fahrt durch das Inselinnere trifft man immer wieder auf ursprüngliche Dörfer. Corte ist die alte Inselhauptstadt mit der einzigen Universität Korsikas und wird mit der historischen Eisenbahn auch ohne eigenes Fahrzeug gut erreicht.
80 km nordöstl. von Ajaccio

SPAZIERGANG
Ausgangspunkt ist das **Palais National** aus genuesischer Zeit. Wenige Schritte entfernt liegt die **Place Gaffori** mit dem Haus des korsischen Freiheitskämpfers Gianpietro Gaffori. An der Südseite erhebt sich der Glockenturm der **Église de l'Annonciation**. Vorbei am Palais National führt der Weg zur **Citadelle**.
Dauer: 1 Std.

◎ Propriano

3800 Einwohner

Hier pulsiert nur im Sommer das Leben, sonst ist es ruhig und beschaulich. Südwestlich der Marina liegen die kleinen Sandbuchten von Campomoro und ein Wachturm, der im Sommer zu besichtigen ist. Im Osten lockt der Strand von Baracci. 60 km südl. von Ajaccio

◎ Sartène

3500 Einwohner

Die auf dem 305 m hohen Sporn des Monte Rosso liegende Stadt wurde vom Schriftsteller Prosper Mérimée als »die korsischste aller Städte« bezeichnet, in der sich Brauchtum und Tradition bis heute erhalten haben. 80 km südl. von Ajaccio

SPAZIERGANG

Von der **Place de la Libération** durch den Torbogen des genuesischen Gouverneurpalastes kommt man in die einst vornehme Altstadt. Im verwinkelten Viertel **Santa Anna** mit den malerischen Gassen haben sich kleine Geschäfte und Galerien eingerichtet, die sich vor allem an Touristen wenden. Auf der anderen Seite der Place de la Libération gelangt man ins Viertel **Borgo**, die hundert Jahre jüngere Altstadt, lange Zeit eher das Armenviertel der Stadt. Hier ist schon am Morgen viel los, und ungezählte Lädchen, Cafés und Bistros freuen sich auf Besucher. Dauer: ca. 45 Min.

ESSEN UND TRINKEN

Brasserie Piazza Porta ƒ

Mittendrin • Pizza, Pasta und Panini zu fairen Preisen sowie leckere Salate und Crêpes werden auf dem schönsten Platz der Stadt serviert. 1 pl. de la Libération • Tel. 04 95 77 06 10 • tgl. 8–23 Uhr • €

Schmale Gassen, gesäumt von festungsartigen Häusern, düstere Höfe, überwölbte Bögen: In der Altstadt Sartènes (▶ S. 59) fühlt man sich ins Mittelalter zurückversetzt.

Monaco

Das kleine Fürstentum ist ein weltläufiger Stadtstaat. Hier treffen die Reichen auf die Schönen, entweder im Casino, im Jachthafen oder beim Grand Prix der Formel 1.

◄ Das Casino (▸ S. 61) in Monte-Carlo, dem glamourösen Stadtteil von Monaco.

MONACO

37 500 Einwohner
Stadtplan ▸ S. 142/143
Nur sechs Hubschrauberminuten oder 18 km von Nizza entfernt beginnt eine andere Welt. Das fürstliche Leben im zweitkleinsten europäischen Staat (nach Vatikanstadt) spielt sich jedoch meist hinter verschlossenen Türen ab. Seit 1861 ist das Fürstentum Monaco souverän, gab dafür Menton und Roquebrune an Frankreich ab, ist als konstitutionelle Erbmonarchie dem Nachbarland jedoch in Zoll-, Währungs- und Steuerfragen verbunden und hat sogar eigene Briefmarken. Besucher brauchen etwas Fantasie, Ausdauer und Kreditkarten, um einen Abglanz dieses auf den ersten Blick so wenig märchenhaften Steuerparadieses zu erhaschen.

HAFEN
Kreuzfahrtschiffe legen meist am Quai Rainier III im Hafen Port Hercule an. Von hier lassen sich die Sehenswürdigkeiten zu Fuß erreichen.

SEHENSWERTES
Casino   ▸ S. 143, E/F 1
Prunkvoll ausgestattet mit Onyxsäulen, Fresken und Skulpturen sowie einem mit Marmor ausgelegten Atrium, präsentiert sich die Spielbank. Dringt man weiter ein, wird es profan. Emsige Hausfrauen stapeln Chips neben eilig bedienten Automaten, Männer starren Pferden auf Bildschirmen hinterher und haben keinen Blick übrig für die herrlichen Glasfenster, die prachtvollen Malereien und Bronzeleuchter.

Place du Casino • www.casinomonte carlo.com • tgl. ab 14 Uhr • Eintritt 12 € (Einlass ab 18 Jahre/Ausweis!)

Cathédrale   ▸ S. 143, D 4
In der 1875 aus weißen Turbie-Steinen erbauten Kirche versteckt sich eines der Hauptwerke von Louis Bréa, der **Retable de St-Nicolas**. Die meisten Besucher kommen wegen der **Fürstengräber** der Grimaldis. Rainier III. und Fürstin Gracia Patricia sind hier beigesetzt.
4 rue Colonel Bellando de Castro • www.cathedrale.mc

Jardin Exotique   ▸ S. 142, A 4
Zwischen 7000 Euphorbien, lateinamerikanischen Kakteen, blickt man von den Felsenflanken über das Fürstentum auf das Meer. Rund 60 m tief im Gestein liegt die prähistorische Grotte des Observatoriums.
62 bd. du Jardin Exotique • www. jardin-exotique.mc • Feb.–April, Okt. tgl. 9–18, Mai–Sept. 9–19 Uhr • Eintritt 7,20 €, Kinder 3,80 €

Place du Palais 👯   ▸ S. 142, C 4
Pünktlich um 11.55 Uhr findet jeden Tag die **Wachablösung** statt. Wer das verpasst, kann den Blick wenden und hat eine traumhafte Sicht auf den Hafen, Monte-Carlo, bis nach Italien, über die Kanonen

📷 FotoTipp

WACHABLÖSUNG
Von der Place du Palais hat man eine traumhafte Aussicht auf den Hafen, Port Hercule, und die Stadt. Ist man rechtzeitig fünf vor 12 Uhr mittags da, kann man die Wachablösung vor dem Prinzenpalast fotografieren.   ▸ S. 61

Ludwigs XIV. hinweg, und hinter der Pinienpromenade zum Stadtteil Fontvielle. Ganz zierlich, kleinteilig, alt und sehr, sehr gepflegt wirkt Monaco auf dem Felsen (»Rocher«). Flattert auf dem Turm Ste-Marie des fürstlichen Palais die Flagge, ist der Fürst zugegen. Mit dem **Ehrenhof**, rund 3 Mio. Kieselsteine wurden zu geometrischen Figuren gelegt, begann 1215 der Bau des Palastes (**Palais Princier de Monaco**) dort, wo einst die Genueserfestung stand. Man kann die Italienische Galerie, den blau-goldenen Salon Ludwigs XIV., den mit Arabesken geschmückten Salon Mazarin und den Thronsaal besichtigen.

www.palais.mc • April–Okt. tgl. 10–18 Uhr • Eintritt 8 €, Kinder 4 €, Kombiticket zusammen mit Ozeanografischem Museum 19/11 €

⭐ ④ MERIAN Tipp

CAFÉ DE PARIS

Hier muss man sitzen, denn hier sitzen alle. Vielleicht auch Boris Becker oder Jean-Paul Belmondo. Manche Gäste blicken vorher auf die Karte, es ist aber auch nicht teurer als anderswo, man kann also durchaus einen Kaffee bestellen. Hinter den Nobelschlitten gegenüber ist der Eingang ins weltberühmte Casino.

Monaco, Monte-Carlo, Place du Casino • tgl. 8–2 Uhr

MUSEEN
Collection de Voitures S.A.S.
Le Prince de Monaco ▸ S. 142, B 4
Seine Hoheit, Fürst Rainier, sammelte: Dion Bouton 1903, Bugatti 1929, Lamborghini Countach 1986.

Terrasses de Fontvieille 8 • www.palais.mc • tgl. 10–18 Uhr • Eintritt 6,50 €, Kinder 3 €

Musée Océanographique 👫
▸ S. 143, E 4
Fürst Albert I., selbst renommierter Meereswissenschaftler, weihte das Museum 1910 ein. Die 85 m hohe Fassade überragt die Felsenküste, und Forschungslaboratorien reichen bis zum Meeresspiegel. Die imposanten Säle zeigen eindrucksvolle Sammlungen, die der Fürst selbst zusammengetragen hat. Im Tiefgeschoss tummeln sich in 90 Becken Fische aus allen Meeren der Erde.

Avenue St-Martin • www.oceano.mc • April–Juni und Sept. tgl. 10–19, Juli, Aug. 9.30–20, Okt.–März 10–18 Uhr • Eintritt 11–16 €, Kinder 7–12 €

ESSEN UND TRINKEN
Le Castelroc ▸ S. 142, C 4
Monegassische Küche • Beliebtes Restaurant gegenüber dem Fürstenpalais. Reservierung empfohlen.
Place du palais • Tel. 03 77 93 30 36 68 • www.castelrocmonaco.com • €€€€

Polpetta ▸ S. 143, D 1
Rustikale Trattoria • Hervorragende Antipasti, hausgemachte Pasta und bester Meeresfrüchterisotto.
2 rue Paradis • Tel. 03 77 93 50 67 84 • www.restaurantpolpetta.com • Mo–So 12–14 und 19.30–23 Uhr • €€€

Quai des Artistes ▸ S. 143, D 3
Hübsche Brasserie • Am Hafen, es gibt auch preisgünstigere Menüs.
4 quai Antoine 1er • www.quaides artistes.com • Tel. 03 77 97 97 97 79 • tgl. 12–14.30 und 19.30–23 Uhr • €€

EINKAUFEN

Einkaufsstraßen mit zahlreichen Läden gibt es im Hôtel Hermitage, in Monaco-Ville (▸ S. 142/143, E 3/4), in La Condamine in der Rue Grimaldi (▸ S. 142, B/C 3) und der Rue Princesse Caroline (▸ S. 142, C 3) in der Fußgängerzone.

SERVICE

AUSKUNFT

Office du Tourisme ▸ S. 143, nördl. E 1
2a bd. des Moulins • Tel. 03 77 92 16 61 16 • www.visitmonaco.com

Ausflüge

◎ Èze

2900 Einwohner

Mauern aus dem 17. Jh. umgeben das winzige **Èze**-Village, das auf 427 m Höhe von einer Burgruine und einem exotischen Garten gekrönt wird. Boutiquen und Souvenirläden säumen die engen Gassen bis hinauf zum **Château Eza**, wo sich ein exzellentes Hotel und Restaurant befindet (www.chateaueza. com, €€€). Über den **Friedrich-Nietzsche-Weg** (der bekannte Philosoph soll hier 1884 den dritten Teil seines Meisterwerkes »Also sprach Zarathustra« entworfen haben) klettert man in einer guten Stunde hinunter nach **Èze-Bord-de-Mer**.
10 km westl. von Monaco

◎ Menton

30 000 Einwohner

Das bunte Städtchen zieht sich einen steilen Hang hinauf. An der Barockkirche **Saint-Michel** halten Besucher erleichtert zum Luftholen an. Kein Problem bei dem Blick: erst einmal – natürlich – das Meer, die **Promenade du Soleil**, der Hafen hinter dem **Cocteau-Museum**, ausgedehnte Sandstrände und dann, kaum zu ahnen, der wirkliche Reichtum der Stadt ohne Betonsilos: die **Gärten**, üppig und ohne Zahl.
10 km östl. von Monaco

SEHENSWERTES

Gärten

Begüterte Engländer haben im 19. Jh. in und um Menton eine Fülle wunderschöner Gärten angelegt. Vor der Besichtigung der Gartenanlagen empfiehlt sich ein Besuch bei der **Maison du Patrimoine**, (5 rue Ciapetta, Tel. 04 92 10 33 66), wo die nötigen Infos und ein hervorragender Führer erhältlich sind.

Jardin Botanique Exotique du Val Rahmeh

Von Lord Radcliff, dem Gouverneur Maltas, am Ende des 19. Jh. in spanisch-maurischem Stil angelegt. Hier wächst das einzige Exemplar der »Sophora Toromino«, des mystischen Baumes der Osterinseln.
Avenue St-Jacques • April–Sept. 9.30–12.30 und 14–18, Okt.–März bis 17 Uhr • Eintritt 7 €, Kinder 5 €

Jardin La Serre de la Madone

In diesen traumhaft verwilderten Gartenterrassen fühlt man sich wie in eine andere Zeit versetzt.
74 route du Val de Gorbio • www.serredelamadone.com • April–Okt. 10–18, Dez.–März 10–17 Uhr, Führung Di und Fr 15 Uhr • Eintritt 8 €, Kinder 4 €

Jardin Maria Serena

Die Villa hat der Architekt der Pariser Oper, Charles Garnier, 1880 für Ferdinand Lesseps, den Konstrukteur des Suezkanals, entworfen.
21 prom. Reine Astrid (nur mit Führung) • Di 10, Fr 14.30 Uhr • Eintritt 6 €

Italien

Kunst- und Kulturstätten, die als Wiege der urbanen Zivilisation gelten, köstliches Essen und südländische Lebensfreude machen das Land als Reiseziel besonders attraktiv.

◄ Der mächtige Dom prägt das Stadtbild von Florenz (► S. 73).

Bella Italia – längst haben wir dieses zauberhafte Land in unser Herz geschlossen. Neben herrlichen Landschaften und wunderschönen Stränden locken vor allem Überreste antiker Tempel, geschichtsträchtige Burgen und Kirchen. Dazu Kunst, Kultur, das herrliche Essen und die überbordende Lebensfreude – »dolce vita« eben …

Savona

62 000 Einwohner
Aufgrund seines Naturhafens war Savona, dessen Name sich von den ligurischen Sabatern ableitet, bereits vor mehr als 2000 Jahren ein prosperierender Handelsort. Fatalerweise verbündeten sich die Sabater im Zweiten Punischen Krieg aber mit dem am Ende des Krieges unterlegenen Karthago, weswegen die Römer zur Strafe das benachbarte Vado förderten. Erst im 11. Jh. konnte sich Savona wieder aus dem Schatten Vados lösen und sich in der Folgezeit als politisch unabhängige Seemacht etablieren. Heute lebt das Städtchen von der Stahl- und Eisenindustrie und von seinem Hafen.

HAFEN

Der Hafen Palacrociere Savona ist etwa 1 km vom Stadtzentrum entfernt. Die Costa-Reederei hat hier ein riesiges, modernes Kreuzfahrtterminal errichtet. Ins Zentrum gelangt man zu Fuß oder mit dem Taxi.

SEHENSWERTES

Cattedrale di Santa Maria Assunta
Die frühbarocke Basilika wurde gegen Ende des 16. Jh. von Battista Sormano als Ersatz für den von den Genuesern in der Oberstadt abgebrochenen Dom errichtet. Die breitgelagerte neobarocke Fassade sowie die Ausstattung des dreischiffigen Innenraums sind eine Beigabe des 19. Jh. Die wertvollsten Kunstschätze werden im **Domschatzmuseum** ausgestellt, das vom Chor aus zugänglich ist. Vom nördlichen Seitenschiff gelangt man in einen Kreuzgang, der auf ein älteres Franziskanerkonvent zurückgeht. An den Dom schließt sich auch die nur Samstagnachmittag geöffnete **Cappella Sistina** an, von Papst Sixtus IV. als Grabkapelle für seine Eltern in Auftrag gegeben.
Via Ambrogio Aonzo

MUSEUM

Museo Archeologico
Das archäologische Museum gewährt einen Einblick in die bewegte Vergangenheit von Savona. Gezeigt werden Funde der Ausgrabungen auf dem Priamàr-Hügel, römische Bodenmosaike und Sarkophage.
Fortezza di Savona, Corso Mazzini 1 • www.museoarcheosavona.it • 17. Sept.–14. Juni Mi–Fr 9.30–12.30 und 14.30–16.30, Sa–Mo 10.30–15, 15. Juni–16. Sept. Mi–Mo 10.30– 15 Uhr • Eintritt 4 €, erm. 2 €

SPAZIERGANG

Ausgangspunkt ist die wuchtige **Priamàr-Festung**, die die Museen beherbergt. Sie ist nach dem felsigen Hügel **Pietra sul Mar** (Stein über dem Meer) benannt, auf dem sie errichtet wurde. Direkt gegenüber werden im **Mercato Coperto**, der städtischen Markthalle, jeden Morgen frisches Gemüse und Obst sowie der Fischfang der letzten Nacht feilgeboten. Vor einer weiteren Erkundung der historischen Altstadt bietet sich ein Spaziergang entlang dem **Corso Italia** und der **Via Paleocapa** an, zwei eleganten Flaniermeilen mit zahlreichen Boutiquen. Dann folgt ein kurzer Bummel durch die Altstadt, die – heute noch sichtbar – von den Zerstörungen des Zweiten Weltkriegs geprägt ist. In manchen Gassen, wie in der von der Via Paleocapa abzweigenden Via Quadra Superiore, sind einige der mächtigen **Geschlechtertürme** erhalten, ein Großteil fiel aber den Bomben der Alliierten zum Opfer. In der Altstadt befindet sich auch dei Kathedrale **Santa Maria Assunta**, das größte und schönste Gotteshaus der Stadt. Dauer: 2 Std.

SERVICE
AUSKUNFT
I.A.T. di Savona
Corso Italia 76 • Tel. 01 98 40 23 21 • www.lamialiguria.it

Ausflug
◎ Albenga
24 150 Einwohner
Eine Besichtigung von Albenga markiert den kulturhistorischen Höhepunkt an der Riviera di Ponente. Die Stadt ist schon von Weitem sichtbar, denn sie wird von gotischen Geschlechtertürmen überragt – steinernen Symbolen adeliger Herkunft und gesellschaftlicher Macht.
50 km südwestl. von Savona

SEHENSWERTES
Battistero Paleocristiano
Das Baptisterium mit seinem spätantiken Mosaik ist das bedeutendste frühchristliche Bauwerk Liguriens. Der im Inneren oktogonale Grund-

riss sorgt für eine harmonische Raumordnung; im Zentrum befindet sich das romanische Taufbecken. Von großer kunsthistorischer Bedeutung ist das in Blau und Gold gehaltene byzantinische Wandmosaik an einer Nische im Nordwesten der Taufkapelle: Zwölf Tauben umrahmen ein Monogramm Christi.
Via Episcopio 5 • www.diocesidial bengaimperia.it • Juni–Sept. Di–Sa 9.30–12.30 und 16.30–19 Uhr • Eintritt 5 €, erm. 4 €

Duomo San Michele
Der heutige Dom entstand um 1270 anstelle einer frühchristlichen Basilika unter Verwendung von Teilen eines romanischen Vorgängerbaus. Das Äußere der Kathedrale begeistert durch seinen herrlich proportionierten gotischen Backsteinturm, im Inneren präsentiert sich die dreischiffige Bischofskirche als schlichter, weitgehend frühgotischer Bau.
Piazza IV Novembre 9 • tgl. 7–12 und 15–19 Uhr

Genua
595 000 Einwohner
Die Stadt erstreckt sich auf einem zum Meer hin abfallenden Hang. Die Straßen und Gassen sind steil, Treppen, Aufzüge und Zahnradbahnen prägen das Stadtbild, Autofahrer werden über ein ausgeklügeltes System von Brücken und Tunnels geleitet. Genua besitzt einen sehr gut erhaltenen historischen Stadtkern, der 2006 von der UNESCO zum Weltkulturerbe erklärt wurde.

HAFEN
Die Kreuzfahrtterminals liegen zentral am Porto Stazione Marittima. Von hier sind es 10 Min. zu Fuß in die

Altstadt, oder man nimmt Bus Nr. 20
zum Bahnhof Principe (1,5 km).

SEHENSWERTES
Duomo San Lorenzo
Der dem hl. Lorenz geweihte Dom
ist Genuas schönstes und größtes
Gotteshaus. Die in weißem Marmor
und schwarzem Schiefer gehaltene
Fassade ist unverkennbares Merk-
mal ligurischer Gotteshäuser. Präch-
tig ausgestattet ist die **Cappella di
San Giovanni Battista** im linken
Seitenschiff: Seit 1098 ruhen dort
Reliquien Johannes' des Täufers.
Von der benachbarten Cybo-Kapelle
gelangt man ins **Museo del Tesoro**.
Das Domschatzmuseum (Mo–Sa
9–12 und 15–18, So 15–18 Uhr) be-
herbergt auch wertvolle Reliquien.
Piazza San Lorenzo

Righi
Der am nördlichen Stadtrand von
Genua gelegene, 302 m hohe Hügel
ist mit der Zahnradbahn (Funicolare
Zecca) leicht zu erreichen und bietet
eine sehr schöne Aussicht auf die
Altstadt und den Hafen.
Abfahrt: Largo della Zecca • tgl.
6.40–24 Uhr

MUSEEN
Galata Museo del Mare 👫
Genua verdankte seine Macht und
seinen Reichtum in erster Linie
seiner stolzen Flotte. Ein Besuch
des Seefahrtsmuseums ist daher
Pflicht. Das Spektrum des Museums
reicht vom Thema Schiffbau über
die Nachbildung einer Hafengasse
des 19. Jh. bis zu den Räumlichkeiten
eines nostalgischen Luxusliners.
Calata De Mari 1 • www.galatamuseo
delmare.it • März–Okt. tgl. 10–
19.30 Uhr • Eintritt 17 €, Kinder 12 €

⭐ MERIAN Tipp

ACQUARIO DI GENOVA
Das im alten Hafen errichtete Aquarium ist das größte Europas; es beherbergt rund 70 große Becken, in denen
sich Delfine, Haie, Seehunde, Pingu-
ine und kleinere Meeresbewohner wie
Nadelfische und Quallen tummeln. In
jedem Becken ist ein bestimmter Le-
bensraum nachgebildet. Besonderer
Beliebtheit bei den Besuchern erfreut
sich ein Streichel-Bassin mit Rochen.
Genua, Area Porto Antico, Ponte Spi-
nola • www.acquariodigenova.it • tgl.
9–20.30, Juli, Aug. bis 22.30 Uhr •
Eintritt 26 €, Kinder 18 €

Palazzo Rosso
Die wohl bedeutendste Gemälde-
galerie Genuas befindet sich in einem nach seiner roten Fassade be-
nannten Adelspalast und widmet
sich den großen europäischen Meis-
tern. Zum Fundus des Museums
gehören Werke von Tizian, Vero-
nese, Tintoretto, Caravaggio und
Pisanello; herausragend ist Albrecht
Dürers »Bildnis eines Jünglings«.
Via Garibaldi 18 • www.museidi
genova.it • Di–Fr 9–19, Sa, So 10–
19.30 Uhr • Eintritt 9 €, erm. 7 €,
Kinder frei

SPAZIERGANG
Los geht es an der **Porta dei Vacca**,
einem noch aus der Stauferzeit stammenden Stadttor. Über die Via del
Campo und die Via San Siro gelangt
man in die **Via Garibaldi**, die im
16. Jh. angelegte Prachtstraße Genuas. Im imposanten **Palazzo Do-
ria-Tursi** befindet sich das Rathaus,
während im **Palazzo Bianco** sowie
im **Palazzo Rosso** Gemäldegalerien

untergebracht sind. Über die Piazza delle Fontane Marose und die Via XXV Aprile geht es hinunter zur **Piazza de Ferrari**, dem 1875 angelegten Verkehrsknotenpunkt der Altstadt. Optisch wird der Platz vom kubusförmigen Bühnenturm des Opernhauses **Teatro Carlo Felice** dominiert, das 1991 nach Plänen des Architekten Aldo Rossi errichtet wurde. Ebenfalls an die Piazza de Ferrari grenzt der **Palazzo Ducale**, heute ein Kulturzentrum. Nach Osten zweigt die Via XX Settembre ab, eine elegante Flaniermeile mit Geschäften, Galerien und Cafés. Die kurze Via Dante führt zum **Haus von Christoph Kolumbus**, in dem der Seefahrer seine Kindheit verbracht haben soll, und der zinnenbekrönten **Porta Soprana**, dem zweiten noch erhaltenen Stadttor aus der Stauferzeit. Durch die Porta Soprana hindurch gelangt man über die Via San Bernardo zur **Piazza Embriaci**, an der sich das Kloster **Santa Maria di Castello** befindet. Schräg gegenüber ragt die 53 m hohe **Torre degli Embriaci** in den Himmel. Sie ist der einzige Geschlechterturm Genuas, der noch in voller Höhe erhalten ist. Nun ist es Zeit für einen Besuch des **Duomo San Lorenzo**, dessen gotisches Hauptportal von zwei steinernen Löwen bewacht wird.
Dauer: 3 Std.

ESSEN UND TRINKEN
Le Cantine Squarciafico
Stimmungsvoll • Das Restaurant im Kellergewölbe eines alten Palastes serviert klassische Genueser Küche. Piazzetta dell'Amico 2/3/4/30 • Tel. 01 02 47 08 23 • www.cantinesquarciafico.it • Di–Fr 12.30–14 und 19.30–23 Uhr, Sa nur abends • €€

EINKAUFEN
Antica Drogheria Torielli
Traditionsreicher Familienbetrieb, in dem Köstlichkeiten wie Pistazien aus Aleppo, hausgeröstete Nüsse sowie mit Schokolade überzogene kandierte Früchte verkauft werden. Via San Bernardo 32 • Mo, Di, Do–Sa 9–12.30 und 15.30–19 Uhr

SERVICE
AUSKUNFT
I.A.T.
Via Garibaldi 9 • Tel. 01 05 57 29 03 • www.visitgenoa.it

Ausflüge
◎ Portofino
500 Einwohner
Portofino »ist einer der schönsten Plätze an dieser Küste – vorsichtig ausgedrückt: Denn wahrscheinlich ist es wirklich der allerschönste«. Dieser Lobeshymne von Klaus und Erika Mann kann man auch heute noch zustimmen. Allerdings lässt sich ein weiterer Superlativ hinzufügen: Portofino ist mit Sicherheit auch einer der teuersten Plätze an der ligurischen Riviera, wenn nicht der teuerste. Von Portofinos Beliebtheit in Jetset-Kreisen profitieren auch die Normalsterblichen: Nirgendwo sonst in Ligurien lässt sich das Spektakel des Sehens und Gesehenwerdens besser miterleben als entlang der Mole und auf der zum Meer geneigten **Piazzetta** von Portofino.
36 km östl. von Genua

SEHENSWERTES
Castello Brown
Vom Hafen führt ein Treppenweg in zehn Minuten hinauf zum einstigen Castello di San Giorgio, das der

deutsche Diplomat Alfons Mumm von Schwarzenstein vor 100 Jahren zur Gartenvilla umbauen ließ. Heute trägt das Anwesen wieder den Namen des britischen Vorbesitzers und wird inzwischen vielfältig genutzt.

Sept. Mi–Mo 10–18, Okt.–März Mi–Mo 10–17 Uhr • Eintritt 5 €

ESSEN UND TRINKEN

Lo Stella

Treffpunkt der Schickeria • Hübsches Restaurant in exponierter Lage am Hafenkai.

Molo Umberto 1 • Tel. 01 85 26 90 07 • Do–Di 11.30–23 Uhr • €€€

◎ San Fruttuoso

Wenn ein Ort in Ligurien das Attribut »idyllisch« verdient, dann das in einer kleinen, tief eingeschnittenen Bucht gelegene **Kloster San Fruttuoso**. Völlig abgeschieden, nur vom Meer aus oder durch einen zweistündigen Fußmarsch zu erreichen, könnte die Abtei mit ihren gotischen Fenstern und dem grazilen Wachturm jederzeit als Hollywoodkulisse für ein mittelalterliches Klostermelodram dienen. Laut Legende gründete der spanische Bischof Prosperus 713 das Benediktinerkloster, nachdem er die Iberische Halbinsel mit den Gebeinen des hl. Fructuosus auf der Flucht vor den maurischen Eroberern verlassen hatte. Doch auch im vermeintlich sicheren Ligurien war den Mönchen keine Ruhe vergönnt: 984 wurde das Kloster von Sarazenen zerstört. Aber schon nach wenigen Jahren erfolgte der glanzvolle Wiederaufbau der Abtei, die später in die Abhängigkeit der Genueser Familie Doria geriet. Zum Schutz des Klosters ließ Andrea Doria 1550 einen Wehrturm, die **Torre dei Doria**, errichten.

35 km westl. von Genua

Einst ein kleines Fischernest, hat sich Portofino (▶ S. 68) an der ligurischen Küste zum beliebten Treffpunkt des Jetset entwickelt.

Livorno

161 000 Einwohner

Livorno ist schon seit dem ausgehenden 18. Jh. eine der größten Städte der Toskana. Lange Zeit war es der Hafen von Pisa, wurde 1405 von den Genuesern übernommen und 1421 an Florenz verkauft. Durch große Investitionen im 16. Jh. entstand eine völlig neue, planmäßige Stadtanlage: ein »Amsterdam der Toskana«. Mit der **Fortezza Nuova** bildet die heutige Altstadt eine vom **Fosso Reale** umflossene Insel.

HAFEN

Das Cruise Terminal an der Calata Punto Franco liegt 0,5 km von der Stadt und 3 km vom Bahnhof entfernt. Mit dem Zug (www.trenitalia.com) dauert es 15 Min. nach Pisa (6–8 €), nach Florenz 90 Min. (ca. 20 €). Ins Stadtzentrum gelangt man zu Fuß oder mit dem Hafenshuttle.

ESSEN UND TRINKEN
Trattoria Il Sottomarino

Volksnah und preiswert • Nach einem Spaziergang sollten Sie Livornos Spezialität probieren: »cacciucco« – die üppige Fischsuppe. Via Terrazzini 48 • Tel. 05 86 88 70 25 • Mi–Sa 18–24, So 12–16 Uhr • €

SERVICE
AUSKUNFT
APT Costa degli Etruschi
Piazza Cavour 6 • Tel. 05 86 89 81 11

Ausflüge
◎ Pisa

88 600 Einwohner

Pisa ist eine bedeutende Universitätsstadt, die neben dem Tourismus von der Industrie und dem Handel lebt. **Sant'Andrea**, **San Martino**, **Borgo Stretto** und **Borgo Largo** zählen mit ihren schmalen Gassen und engen Plätzen zu den traditionsreichsten Stadtteilen Pisas. Die Hauptattraktionen sind aber der Schiefe Turm und der Platz, auf dem er steht: der grüne **Campo dei Miracoli** (»**Wunderplatz**«).

32 km nordöstl. von Livorno

SEHENSWERTES
Battistero

30 Jahre nach Vollendung des Doms begann der Architekt Diotisalvi 1153 mit dem Bau des Baptisteriums. Nicola Pisano und sein Sohn Giovanni setzten das Werk fort und schmückten den Rundbau und seine Portale mit einem gotischen Arkadenumgang und maßwerkverzierten Rundbogenfenstern, über denen die Pyramidalkuppel aufragt. Im Inneren der größten Taufkirche der Christenheit ist eine sechseckige Kanzel von Nicola Pisano zu bewundern. Piazza del Duomo • www.opapisa.it • April–Sept. 8–20, Okt.–März 9–19 Uhr • Eintritt 5 €

Duomo Santa Maria Assunta

Das Meisterwerk italienischer Baukunst wurde 1063 begonnen. Der monumentale Dom konnte bereits im Jahr 1118 von Papst Gelasius II. geweiht werden. Die Bronzeflügel der San-Ranieri-Pforte stammen von Bonnano Pisano (um 1180). Die Skulpturen am Außenbau schuf Giovanni Pisano ebenso wie die reliefgeschmückte Kanzel im Inneren (1302–1311) und für die Sacrestia dei Cappellani die Madonnenstatue aus Elfenbein (1299), die im **Dommuseum** (Öffnungszeiten wie Battistero) zu sehen ist.

Piazza del Duomo • www.opapisa.it •
März, Okt.–Dez. 10–19, April–Sept.
10–20 Uhr

⭐ Torre pendente (Schiefer Turm)

Alles wieder im Lot? Die cha-
rakteristische Schieflage des 55 m
hohen Wahrzeichens von Pisa auf
dem Campo dei Miracoli hat nach
dem Geraderücken von 40,6 cm
nichts von seiner Attraktivität verloren. Schief bleibt er, ist aber erst
mal für die nächsten 300 Jahre geret-
tet. Besucher können nun wieder im
40-Minuten-Takt die so lange ver-
sperrten 293 Stufen hinaufsteigen.
Tickets vorab online buchen.
Info: Opera Primaziale Pisana, Piazza
del Duomo 17 • www.opapisa.it •
März, Okt.–Dez. 9–19, April, Mai
9–20, Juni–Sept. 9–22 Uhr • Eintritt
18 €

MUSEEN
Museo Nazionale di San Matteo

Das Museum, untergebracht im ehemaligen Benediktinerkloster, beherbergt eine bedeutende Sammlung
toskanischer und pisanischer Malerei und Skulpturen.
Piazza San Matteo in Soarta 1 • Di–Fr
8.30–19.30, So 8.30–13.30 Uhr •
Eintritt 5 €

SPAZIERGANG

Der Bummel beginnt auf einer einst
mit Läden überbauten Brücke, dem
Ponte di Mezzo. Im Süden an der
Piazza XX Settembre stehen der
Palazzo Gambacorti, das heutige
Rathaus (14. Jh.), und die **Logge di
Banchi** (1603), unter denen am
zweiten Wochenende im Monat der
Kunst- und Handwerksmarkt statt-
findet. Nach dem Überqueren der

Brücke schaut man durch die **Via
Rigattieri** in die **Via delle belle Torri**
mit mittelalterlichen Turmhäusern.
Wendet man sich westlich an den
Arkaden in den ältesten Teil der Alt-
stadt, kommt man zur **Piazza Vetto-**

Nach Baubeginn geriet er in Schräglage:
der Schiefe Turm von Pisa (▶ S. 71).

vaglie und zur **Piazza Sant'Omo-
bono**, dem belebten Marktviertel.
Über die **Piazza Donati** gelangt man
zur **Piazza dei Cavalieri** mit der
Kirche Santo Stefano d. C. (1565–
1569), dem Palazzo dei Cavalieri
(ehemals degli Anziani) und dem
Palazzo dell'Orologio. Er verbindet
zwei Turmhäuser, das Staatsgefängnis und den Hungerturm. Der Spaziergang endet auf der **Piazza Cava-
lotti** mit dem ältesten **Botanischen
Garten** der Welt, 1543 vom Arzt und
Botaniker Luca Ghini gegründet.
Dauer: 2–3 Std.

ESSEN UND TRINKEN
Gusto al 129
Beste Pizza in Pisa • Schon mal Nutella-Pistazien-Pizza gegessen? Oder Pizza mit Birnen und Nüssen? Auch die klassischen Pizzen sind exquisit. Via Santa Bibbiana 10 • Tel. 05 06 20 31 17 • www.gustoal129.it • Mo–Sa 18.30–23 Uhr • €

SERVICE
AUSKUNFT
Verkehrsamt Provincia di Pisa
Piazza Vittorio Emanuele II 16 • Tel. 05 04 22 91 • www.pisaunicaterra.it

◎ Florenz
377 000 Einwohner
Stadtplan ▶ S. 144/145
Das historische Florenz, jener Teil der Stadt, der vor über 650 Jahren von dem zwischen 1284 und 1333 erbauten Mauerring umschlossen wurde, lässt sich leicht erlaufen. Das mittelalterliche Florenz mit seinen Stadtteilen **Santo Spirito** und **San Frediano** südlich des Arno hat auf der anderen Flussseite seine eigentliche Mitte. Übrigens: Ein Drittel aller Kunstschätze Italiens befindet sich in Florenz und Umgebung.
95 km östl. von Livorno

SEHENSWERTES
Basilica di Santa Croce ▶ S. 145, E 3
Die Ordenskirche der Franziskaner (1294–1385) ist wegen ihres Reichtums an Kunstschätzen ein Erlebnis. Meisterwerke sind Giottos Fresken in der **Cappella Peruzzi** und **Cappella Bardi** sowie Grabmäler bedeutender Söhne der Stadt wie Michelangelo, Machiavelli und Rossini.
Piazza Santa Croce 16 • Kirche und Museum Mo–Sa 9.30–17, So 14–17 Uhr • Eintritt inkl. Museum 8 €

Eine feste Größe im Programm: über den Ponte Vecchio (▶ S. 73), die älteste Brücke von Florenz, schlendern und die Auslagen der Juweliere bestaunen.

Duomo Santa Maria del Fiore

▶ S. 145, D 2

Die dreischiffige Basilika wurde 1284 unter Baumeister Arnolfo di Cambio begonnen und erst 1436 geweiht. Später wurden auch Giotto (Campanile, 1334–1337) und Filippo Brunelleschi (Domkuppel, 1418–1436) berufen. Die Kuppel wurde von Vasari und Zuccari im 16. Jh. mit Darstellungen zum Jüngsten Gericht ausgemalt.

Piazza del Duomo • Mo–Sa 10–16.45, So 13.30–16.45 Uhr • Eintritt 15 €

Palazzo Vecchio (Palazzo della Signoria)

▶ S. 145, D 3

Der Palast, in dem heute das Rathaus von Florenz untergebracht ist, hieß ursprünglich Palazzo della Signoria, da er die Stadtregierung (»signoria«) beherbergte. Die Abgeordneten wohnten auch im Palazzo, was seine festungsartige Architektur erklärt. Zum »alten Palast« wurde er, als Cosimo I. 1565 in den damals neuen Palazzo Pitti umzog. Beide Paläste sind durch den **Vasari-Korridor** verbunden, der auch über den Ponte Vecchio führt.

Piazza della Signoria • tgl. 9–19, Do 9–14 Uhr • Eintritt 10 €

Ponte Vecchio

▶ S. 144, C 3

Die »alte Brücke« heißt nicht zufällig so: Sie war die erste, die 1345 die beiden Ufer des Arno miteinander verband. Schon damals war die Brücke dicht mit Verkaufsläden bebaut. Ursprünglich waren hier Schlachter und Gerber ansässig, die ihre Abfälle im Fluss entsorgten. Aus Hygienegründen gab man deshalb ab dem 16. Jh. den Goldschmieden den Vorzug; bis heute ist der Ponte Vecchio in der Hand der Juweliere.

MUSEEN

Bargello

▶ S. 145, D 2

Das Nationalmuseum zeigt Skulpturen Florentiner Bildhauer des 16. Jh., darunter drei Meisterwerke Michelangelos: »Der trunkene Bacchus« (1497), das »Pitti-Tondo« (1504) und die »Büste des Brutus« (1530). Im großen Saal des **Consiglio Generale** befinden sich u. a. die Marmorstatue des hl. Georg (1416) und des berühmten Bronze-David (1408–1409) von Donatello.

Via del Proconsolo 4 • tgl. 8.15–17 Uhr • Eintritt 8 €, erm. 4 €

6 MERIAN Tipp

SCHOKOLADE IM RIVOIRE, EIS BEI VIVOLI ♟♟

Im traditionsreichen Caffè Rivoire im Schatten des Palazzo Vecchio gibt es die beste heiße Schokolade der Stadt. Unübertroffen in der Kunst des Speiseeises ist hingegen die Gelateria Vivoli, die wohl beste Eisdiele der Stadt.

– Rivoire: Florenz • www.rivoire.it • April–Okt. Di–So 7.30–22 Uhr

▶ S. 145, D 3

– Vivoli: Florenz • www.vivoli.it • April–Okt. Di –Sa 7.30–24, So 9–24 Uhr

▶ S. 145, E 3

Galleria dell'Accademia

▶ S. 145, E 1

Hier steht seit 1882 das Original der berühmtesten Statue von Florenz: Michelangelos »**David**«, der sich seit 1504 vor dem Palazzo Vecchio befunden hatte. Zu bewundern sind außerdem Gemälde von Botticelli, vier unvollendete Sklaven-Statuen sowie die »Pietà di Palestrina«.

Via Ricasoli 60 • Di–So 8.15–18.50 Uhr • Eintritt 8 €, erm. 4 €

⑤ Galleria degli Uffizi ▸ S. 145, D 3

Die Sammlung gibt einen guten Einblick in die Florentiner Malerei, ergänzt durch Werke flämischer und altdeutscher Künstler. Das Hauptaugenmerk liegt jedoch – wie könnte es anders sein – auf der Renaissance. Die Höhepunkte: »Die Geburt der Venus« und »Der Frühling« von Sandro Botticelli, »Die Verkündigung« von Leonardo da Vinci, »Die Heilige Familie« von Michelangelo sowie die »Thronende Madonna« von Giotto, Piero della Francescas Porträt der Herzöge von Urbino, das Luther-Porträt von Lucas Cranach, Tizians »Venus von Urbino«, Raffaels »Madonna mit dem Zeisig«. Wer nicht in einer langen Schlange anstehen will, sollte seine Eintrittskarten vorbestellen.

Piazzale degli Uffizi 6 • www.uffizi. firenze.it • Di–So 8.15–18.50 Uhr • Eintritt 20 €, Online-Res. zusätzl. 4 €

📷 FotoTipp

PONTE VECCHIO

Nutzen Sie den Gang unter dem Vasari-Korridor, um ein Foto vom Ponte Vecchio zu schießen. 20 bis 50 m, bevor Sie die berühmte Brücke erreichen, haben Sie sie linker Hand optimal im Bild. ▸ S. 73

SPAZIERGANG

Stadtplan ▸ S. 144/145

Idealer Ausgangspunkt eines Rundgangs ist der Hauptbahnhof Santa Maria Novella. Von dort aus nur ein paar Meter zur gleichnamigen Kirche **Santa Maria Novella**. Vom Platz vor der Kirche aus geht die Via dei Banchi ab, die direkt auf den Dom **Santa Maria del Fiore** zuführt. Nach dieser geballten Ladung Kunst und Kultur flanieren Sie über die vornehmste Straße von Florenz, die Shoppingmeile **Via de' Calzaiuoli**. Diese mündet in die **Piazza della Signoria**, auf der die berühmte »David«-Kopie, der Neptunbrunnen und der Palazzo Vecchio bewundert werden können. Letzteren können Sie wahlweise ausgiebig besichtigen oder sprichwörtlich links liegen lassen und den von den Uffizien umschlossenen **Piazzale degli Uffizi** durchmessen, wobei Sie direkt auf das Arno-Ufer zusteuern. Am Fluss angelangt, erblicken Sie rechts schon den **Ponte Vecchio**. Diesen erreichen Sie geschützt vor Regen oder Sommerhitze unter dem direkt am Ufer entlangführenden **Corridoio Vasariano**, der über den Ponte Vecchio weiter bis zum **Palazzo Pitti** und zu den **Boboli-Gärten** hinaufführt. Sie befinden sich nun im Viertel **Oltrarno** (»jenseits des Arno«), das für seine Antiquitätenläden bekannt ist. Stärken Sie sich in der gemütlichen Trattoria 4 Leoni, die Sie erreichen, wenn Sie vom Palazzo Pitti in die Via dei Velluti einbiegen, dann rechts in die Via Toscanella, der Sie folgen, bis sie auf die Via dei Vellutini trifft. Die Via dello Sprone führt dann auf den **Ponte Santa Trinità** zu, über den Sie wieder in die Altstadt diesseits des Arno gelangen. Dauer: ca. 2 Std.

ESSEN UND TRINKEN

La Giostra ▸ S. 144, E 2

Beliebter Treffpunkt • Von der Adelsfamilie der Habsburg-Lothringer betriebenes, sehr gutes Restaurant, das sich der Slow-Food-Bewegung verschrieben hat. Am Anfang

So menschenleer präsentiert sich der Piazzale degli Uffizi selten. Normalerweise ist er von den Besuchern der Uffizien (▶ MERIAN TopTen, S. 74) bevölkert.

des Abends ist es meist voll – dafür kann man bis spätabends essen. Die meisten Florentiner kommen daher oft auch erst ab 22 Uhr.
Borgo Pinti 12–18 r • Tel. 0 55 24 13 41 • www.ristorantelagiostra.com • Mo–Fr 12.30–14.30 und 19–24, Sa, So 19–24 Uhr • €€

EINKAUFEN

Madova ▶ S. 144, C 3
Dieses Mekka der Lederhand-schuhe, zwischen Ponte Vecchio und Palazzo Pitti, hat schon seit 1919 für Sie und Ihn das richtige Paar parat.

Via Guicciardini 1 r • Tel. 05 52 39 65 26 • www.madova.com

SERVICE

AUSKUNFT
APT Firenze ▶ S. 145, D 1
Via Cavour 1 r • www.firenze turismo.it • Mo–Fr 9–18 Uhr

Civitavecchia

53 000 Einwohner
Kaiser Trajan ließ um 107 n. Chr. den Hafen bauen, heute ist er Anle-geplatz für jene Kreuzfahrer, die die Ewige Stadt Rom besuchen wollen.

HAFEN

Bis zum Hafentor verkehrt ein Shuttlebus. Von dort erreicht man den Bahnhof von Civitavecchia zu Fuß (20 Min.). Zum Bahnhof Roma Termini braucht man mit dem Zug 50 Min. Das BIRG-Ticket kann man am Kiosk im Hafen lösen (hin und zurück 12 €/P.); es gilt auch für die öffentlichen Verkehrsmittel in Rom.

Ausflug
◎ Rom

2,87 Mio Einwohner
Stadtplan ▸ S. 146/147
Über 2500 Jahre lang wird in Rom schon gebaut, gemalt, gemeißelt. Da sammelt sich eine Menge an Sehenswürdigkeiten an. Sie können einen Monat lang auf antiken Spuren wandeln, einen weiteren im Barock schwelgen und einen dritten auf das Mittelalter verwenden – trotzdem würden Sie nicht die ganze Palette an Sehenswertem besucht haben. Deshalb: Wählen Sie etwas aus!
75 km südöstl. von Civitavecchia

SEHENSWERTES
Arco di Costantino
(Konstantinsbogen) ▸ S. 147, E 4
Der größte und am besten erhaltene antike Triumphbogen in Rom wurde 315 n. Chr. anlässlich des Siegs Kaiser Konstantins über Maxentius an der Milvischen Brücke errichtet.
Piazza del Colosseo • Metro: Colosseo

Campidoglio (Kapitol) ▸ S. 147, D 4
Bereits in der Antike lag auf diesem Hügel das Machtzentrum der Stadt, und noch heute sitzt hier der Bürgermeister. 509 v. Chr. erbauten die Römer hier die Tempel von Jupiter, Juno und Minerva. Und an der Stelle, wo sich heute die gotische Kirche **Santa Maria in Aracoeli** erhebt, stand einst die Arx, die Burg des antiken Roms. Die steile Treppe hinauf zur Kirche wird rechts von der flacheren **Cordonata**, dem von Michelangelo entworfenen, majestätischen Aufgang zum Kapitol, flankiert. Der Blick wird frei auf die Piazza di Campidoglio, die ebenfalls von Michelangelo stammt.
Bus: Piazza Venezia

Cappella Sistina
(Sixtinische Kapelle) ▸ S. 146, östl. A 2
Michelangelo malte das Gewölbe der Sixtinischen Kapelle zwischen 1508 und 1512 mit Szenen aus der Schöpfungsgeschichte bis Noah aus. Sein absolutes Meisterwerk begann der Künstler als Sechzigjähriger 1535: das »Jüngste Gericht« an der Altarwand mit 391 Figuren, das er 1541 vollendete. Doch bei aller Genialität sollte man die Wandfresken seiner Kollegen Perugino, Rosselli, Botticelli, Ghirlandaio und Signorelli nicht übersehen. Man besichtigt die Sixtinische Kapelle im Rahmen der Vatikanischen Museen (▸ S. 81), Vorausbuchung wird empfohlen.

Castel Sant'Angelo
(Engelsburg) ▸ S. 146, B 2
Kaiser Hadrian ließ sich nach eigenen Plänen ab 139 n. Chr. ein prachtvolles Grabmal am rechten Tiberufer errichten. 590 erschien Papst Gregor I. auf der Spitze des Mausoleums angeblich der Erzengel Michael, der sein Schwert zurück in die Scheide steckte und damit das Ende der gerade wütenden Pest anzeigte. Diese Episode gab dem Gebäude seinen heutigen Namen: Engelsburg. Während des Mittelalters wurde das

Grabmal zu einer mächtigen Festung ausgebaut und in die Aurelianischen Mauern integriert.
Lungotevere di Castello • Bus: Piazza Pia • www.castelsantangelo.com • tgl. 9–19.30 Uhr • Eintritt 8/10 €

Città del Vaticano (Vatikanstadt) ▸ S. 146, A 2/3

Noch heute regiert das Oberhaupt der katholischen Kirche Vatikanstadt, den mit 44 ha kleinsten Stadtstaat der Welt, und seine 800 Einwohner. Jeden Mittwoch hält der Papst eine öffentliche Audienz in der Aula delle Udienze Pontificie (im Sommer auf dem Petersplatz).
– Centro Servizi Pellegrini e Turisti: Piazza San Pietro • Metro: Ottaviano–San Pietro • www.vatican.va
– Audienzen: Dt. Pilgerzentrum, Via del Banco di Santo Spirito 56 • Tel. 0 66 89 71 97 • www.pilger zentrum.net • Mi 8–10.30 Uhr

6 Colosseo ▸ S. 147, E/F 4

Kaiser Vespasian aus der Familie der Flavier begann 79 n. Chr. mit dem Bau des **Amphitheatrum Flavium** – wie das größte, erstmals ganz aus Stein (und nicht aus Holz) errichtete Amphitheater der römischen Welt offiziell hieß. Sein Sohn Titus weihte das 48,5 m hohe, 50 000 Zuschauer fassende Oval ein Jahr später mit 100-tägigen Festspielen ein. Die 80 Rundbögen der ersten drei Stockwerke des Kolosseums rahmen unten dorische, in der Mitte ionische und oben korinthische Halbsäulen. In den kleineren viereckigen Löchern waren 240 Balken verankert, die ein großes Segeltuch hielten, um die Zuschauer vor der Sonne zu schützen. Streng hierarchisch geordnet saßen unten der Kaiser und die Priester, darüber die Patrizier und weiter oben das gemeine Volk, um dem Spektakel in der 78 m lan-

Das Colosseo (▸ MERIAN TopTen, S. 77) mit seinen Rundbögen in den ersten drei Stockwerken ist eines der beeindruckendsten Zeugnisse antiker Baukunst.

Ausgewogene Proportionen, harmonische Raumwirkung: Das Pantheon (▶ S. 79), das besterhaltene antike Monument Roms, mutet zeitlos-modern an.

gen und 48,5 m breiten Arena bei- zuwohnen.
Piazza del Colosseo • Metro: Colos- seo • tgl. 8.30 Uhr bis 1 Std. vor Son- nenuntergang • Eintritt 12 €, Kin- der frei

Fontana di Trevi 👫   ▶ S. 147, D 3
Wie man auf kleinstem Raum Spek- takuläres schaffen kann, zeigte der Architekt Nicola Salvi, als er ab 1732 den Trevi-Brunnen errichtete. In der Mitte des Barockensembles lenkt der Meeresgott Oceanus ein wildes und ein sanftes Pferd. Über eine aus Felsen geformte »Küsten- landschaft« ergießt sich das Was- ser hinunter in das weite »Meer«. Das ewig fließende Wasser gilt als Sinnbild der Lebenskraft der Ewi- gen Stadt. Weltberühmt machte den Brunnen Fellinis Film »La dolce vita«, in dem Anita Ekberg vor den Augen Marcello Mastroiannis in die

Fluten steigt. Auch die Legende, dass man eine Münze ins Wasser werfen muss, um nach Rom zurückzukeh- ren, hält sich bis heute.
Piazza di Trevi • Bus: Tritone/ Fontana di Trevi

Monumento a Vittorio Emanuele II   ▶ S. 147, D 4
Bis heute gibt es geteilte Meinungen zum weißen »Altar des Vaterlandes«, der wegen seiner Form im Volks- mund auch die »Schreibmaschine« heißt. Der Zuckerbäckerstil wird ebenso kritisiert wie seine Dimen- sion (70 m hoch, 135 m breit, 130 m tief). Das klassizistische Bauwerk wurde ab 1885 zum Gedenken an Viktor Emanuel II., der Italien 1870 geeint hatte, errichtet. Ein Aufzug führt aufs Dach mit toller Aussicht.
Piazza di Venezia • Bus: Piazza Venezia • tgl. 9.30–17.45, Sa, So bis 18.45 Uhr • Eintritt 7 €, Kinder frei

Pantheon ▸ S. 146, C 3

Dieser majestätische Tempel bildet bis heute wohl das großartigste Zeugnis antiker Baukunst in Rom. Das harmonische Zusammenwirken einfacher geometrischer Formen – eine Halbkugel auf einem Zylinder, ein Rechteck mit einem dreieckigen Giebel – verleihen dem Bau etwas Geniales. 27 v. Chr. von dem Konsul Agrippa zu Ehren aller Götter Roms erbaut, ließ Kaiser Hadrian das Pantheon zwischen 118 und 125 n. Chr. neu gestalten. Die Kuppel ist mit einem Durchmesser von 43,3 m die größte der Welt (Petersdom 42,56 m, Santa Maria del Fiore in Florenz 42 m). Fünf Reihen von Kassetten führen den Blick hinauf zu einem 9 m breiten Loch, der einzigen Lichtquelle des Raumes. Inmitten dieser Pracht fand neben anderen herausragenden Künstlerpersönlichkeiten auch Raffael seine letzte Ruhestätte.
Piazza della Rotonda • Bus: Santa Chiara • Mo–Sa 8.30–19.30, So 9–18, feiertags 9–13 Uhr • Eintritt frei

Piazza Navona 👥 ▸ S. 146, C 3

Wer den Puls der Stadt fühlen möchte, den Herzschlag von Römern aller Altersgruppen und Touristen aus aller Welt, der sollte einen Sommerabend auf der Piazza Navona verbringen. Karikaturisten und Feuerschlucker, Pantomimen und Alleinunterhalter nutzen das anheimelnde Oval des Stadions, das Kaiser Domitian im 1. Jh. n. Chr. errichten ließ, für ihren Auftritt. Inmitten der sanften Rot- und Ockertöne der Palazzi scheint der Obelisk über der Fontana dei Fiumi, dem Vierströmebrunnen von Bernini, zu schweben.
Bus: Corso Vittorio Emanuele

MERIAN Tipp

TERRAZZA CAFFARELLI

Keinesfalls sollten Sie einen Besuch des Museumscafés der Musei Capitolini, der Terrazza Caffarelli, versäumen. Der Zugang ist auch ohne Eintrittskarte für das Museum möglich. Bei einem Cappuccino liegen Ihnen die Dächer Roms zu Füßen. Garibaldis Statue auf dem Gianicolo, das Teatro di Marcello und die Peterskuppel dienen als Blickfang.
Piazzale Caffarelli 4 / Piazza del Campidoglio • www.terrazzacaffarelli.it • Di–So 9–19 Uhr

Piazza San Pietro (Petersplatz)

▸ S. 146, A 2

Wie eine Umarmung der Mutter Kirche wirken die frei stehenden Kolonnaden der Piazza für die Gläubigen aus aller Welt, die hier dem Papst etwa am Ostersonntag beim Segen »Urbi et Orbi« zuhören. Seit 1656 befasste sich Bernini mit der Platzgestaltung, die zu den revolutionären architektonischen Meisterleistungen zu rechnen ist. Steht man auf einer der runden Marmorplatten links und rechts vor den Brunnen, verschmelzen die vier Kolonnadenreihen zu einer einzigen. 140 Heiligenstatuen blicken von den Balustraden auf das Geschehen herab. In der Mitte dominiert der Obelisco Vaticano, den Caligula 37 n. Chr. aus Alexandria nach Rom brachte und Sixtus V. 1586 aufstellen ließ. Das Kreuz auf 41 m Höhe umschließt eine Reliquie des Kreuzes Christi und symbolisiert den Sieg des Christentums über das antike Heidentum.
Metro: Ottaviano–San Pietro

⭐ San Pietro in Vaticano
(Petersdom) ▶ S. 146, östl. A 2

Die wichtigste und größte Kirche der Christenheit (mit Portikus 219 m lang, Querschiff 155 m, Fassade 47 m und Kuppel bis zum Kreuz 137 m hoch) erhebt sich über dem Grab des Apostels Petrus. Unter dem Portikus empfangen den Besucher rechts die Reiterstatue Kaiser Konstantins, des ersten christlichen Kaisers (von Bernini), und links die Karls des Großen, des ersten am Weihnachtstag im Jahre 800 im Petersdom gekrönten Kaisers des Sacrum Imperium Romanum. Bereits die Eingangsportale geben eine Vorahnung auf die reiche Ausstattung des Doms: Das mittlere schuf Filarete (1439–1445) noch für die alte Peterskirche, das äußerste rechte ist die Porta Santa, die nur in einem Heiligen Jahr geöffnet wird (wieder 2025), das äußerste linke, das Portal des Todes, erarbeitete Giacomo Manzù im Auftrag Johannes' XXIII. zum zweiten Vatikanischen Konzil.

Der majestätische Innenraum wirkt trotz seiner riesigen Dimensionen nicht erschlagend. Dies liegt an den großen Figuren, die so dem Ganzen einen harmonischen Gesamteindruck verleihen. Die meisten Engel sind weit über 2 m groß! Aus den unzähligen Kunstschätzen seien nur einige herausgehoben. Gleich rechts steht – seit einem Anschlag hinter Glas – die »Pietà« von Michelangelo, die er mit nur 23 Jahren schuf. Am vorderen rechten Pfeiler der Kuppel sitzt der Bronze-Petrus von Arnolfo di Cambio, dessen Fuß seine Verehrer fast »weggeküsst« haben. Zu den großartigen Meisterwerken der Kirche zählen auch die **Papstgrabmäler**. Unter der Kirche lohnen die **Sacre Grotte Vaticane** und die **Tomba di San Pietro** einen Besuch. Der Aufstieg (142 Stufen) bzw. Lift zur **Kirchenkuppel** mit fantastischem Ausblick, liegt auf der rechten Seite der Basilika.

Piazza San Pietro • Metro: Ottaviano-San Pietro • www.vatican.va
– Petersdom: April–Sept. tgl. 7–19, Okt.–März 7–18.30 Uhr
– Tesoro/Schatzkammer: April–Sept. 9–18.50, Okt.–März 9–17.50 Uhr • Eintritt 6 €
– Kuppel: April–Sept. 8–18, Okt.–März 8–17 Uhr • Eintritt 6 €, Lift 8 €

MUSEEN

Musei Capitolini ▶ S. 147, D 4

Der Palazzo dei Conservatori und der Palazzo Nuovo, die den Kapitolsplatz flankieren, beherbergen eines der herausragenden Museen antiker Skulptur in Rom. Eines der bekanntesten Exponate ist die »Kapitolinische Wölfin« (5. Jh. v. Chr.).

Piazza del Campidoglio • Bus: Piazza Venezia • www.museicapitolini.org • Di–So 9–20 Uhr • Eintritt 15 €

Museo e Galleria Borghese
▶ S. 147, E 1

Im Nordosten der Villa Borghese, der großen römischen Parkanlage, liegt das Casino Borghese, das im Erdgeschoss das Museum und im ersten Stock die Galleria Borghese beherbergt. Die »Königin unter den privaten Kunstsammlungen der Welt« begründete der Neffe von Papst Paul V., Kardinal Scipione Borghese, 1608. In der Galleria ragen einige Werke aus der Masse der Kostbarkeiten (Cranach, Rubens, Bellini) noch heraus: die »Grablegung Christi« von Raffael (1506/1507), die »Danae« von Correggio (1526), »Heilige und Profane Liebe« von Tizian (1516/17), das Porträt eines unbekannten Mannes von Antonello da Messina. Nur alle 2 Std. dürfen 360 Besucher in das Museum, rechtzeitige Anmeldung (tel. oder online) ist erforderlich! Piazzale Scipione Borghese 5 • Bus: Pinciana • www.galleriaborghese.it • Di–So 9–19 Uhr • Eintritt 15 €

Musei Vaticani (Vatikanische Museen)   ▸ S. 146, A 2

Eine der bedeutendsten Kunstsammlungen der Welt, die auch die größte Antikenkollektion der Erde umfasst, beherbergen die Paläste, die seit dem Mittelalter durch jahrhundertelange Um- und Neubauten entstanden. Die unüberschaubare Anzahl an herausragenden Kunstobjekten macht es sinnvoll, sich für eine Auswahl zu entscheiden. Viale Vaticano • Metro: Cipro–Museo Vaticani • http://mv.vatican.va • Mo–Sa 9–18, Einlass nur bis 16 Uhr • Eintritt 16 €, Kinder 8 €, So frei

Die wichtigsten Museen:
Appartamento Borgia
Papst Alexander VI. Borgia (1492–1503) ließ seine Wohnräume im Vatikan von Pinturicchio (und seinen Schülern) mit herrlichen Fresken ausmalen. Die Sala dei Santi (Nr. IV) und die Sala dei Misteri della Fede (Nr. V) mit einem Porträt des knienden Papstes verdienen besondere Aufmerksamkeit.

Cappella Sistina (Sixtinische Kapelle)   ▸ S. 76

Museo Gregoriano Etrusco
Das Museum zählt zu den bedeutendsten Sammlungen etruskischer

Kunst, beherbergt aber auch eine Kollektion antiker griechischer und italienischer Vasen. Beachtenswert ist der fast lebensgroße »Mars von Todi«, ein Bronzekrieger, der aus dem 5. Jh. v. Chr. stammt.

 ## FotoTipp

COLOSSEO

Klettern Sie im Inneren des Arenenovals ganz hinauf, so weit es erlaubt ist. Von hier oben lässt sich das Rund des Kolosseums in seiner ganzen Pracht einfangen.   ▸ S. 77

Museo Pio Clementino
Einer der Höhepunkte der Vatikanischen Sammlungen: Das Museum bietet in den Räumen rund um den Cortile Ottagono (Belvedere-Hof) berühmte griechische und römische Skulpturen. Zu den herausragenden Arbeiten zählen: der »Apoxyomenos«, nach einem Original von Lysipp (340–320 v. Chr.), das den Athleten nach dem Sieg zeigt, und die einzigartige »Laokoon«-Gruppe aus dem 1. Jh. n. Chr.

Stanze di Raffaello
Die Stanzen Raffaels bestehen aus mehreren Gemächern: Die Sala di Costantino mit wichtigen Szenen aus dem Leben Kaiser Konstantins schuf Giulio Romano, ein Schüler Raffaels. Über die Sala dei Palafrenieri erreicht man die Cappella di Niccolò V, deren Freskenschmuck von Fra Angelico stammt. Es folgt die Stanza di Eliodoro, die Raffael von 1512 bis 1514 ausmalte: »Papst Leo der Große (mit dem Gesicht Leos X.) hält die Invasion Attilas

auf«, »Messe von Bolsena« mit einem Porträt des knienden Papstes Julius II., »Vertreibung des Heliodor« mit einem Selbstporträt Raffaels (links unten), »Befreiung des Apostels Petrus«, das erste Nachtbild der Hochrenaissance. Die Fresken der Stanza della Segnatura, in der die offiziellen Schriftstücke unterzeichnet wurden, bilden den Höhepunkt der Malerei Raffaels (1509–11). Der »Disputa del Sacramento«, einer Verherrlichung des Glaubens, steht die »Schule von Athen«, die Philosophie der Antike, gegenüber. Der »Parnass«, der Sitz der Künste, sowie das kanonische Recht (symbolisiert durch Papst Gregor IX.) und das weltliche (symbolisiert durch Kaiser Justinian) vervollständigen den Raum. Theologie, Gerechtigkeit, Philosophie und Poesie an der Decke runden dieses das gesamte Wissen der Menschheit umfassende Programm ab.

SPAZIERGANG

Stadtplan ▶ S. 146/147
Von der Ende des 19. Jh. angelegten Piazza della Repubblica biegt man links in die Via XX Settembre ein und gelangt damit in die Zeit der Stadterneuerung nach 1871. An der Ecke zur Via Quattro Fontane befindet sich die **Vierbrunnenkreuzung (Quadrivio delle Quattro Fontane)** mit den Brunnenfiguren, die Tiber und Arno, Diana und Juno verkörpern. Endlos lang zieht sich rechts die Fassade des **Quirinalspalastes** hin, in dem der Präsident der Republik Italien residiert. Auf der linken Straßenseite bieten **San Carlo alle Quattro Fontane**, ein barockes Meisterwerk von Borromini, und **Sant'Andrea al Quirinale**, ein spätes

Opus von Bernini, mehr Abwechslung. Sixtus V. ließ die beiden 5,6 m hohen Dioskuren Castor und Pollux aus den einst hier gelegenen Thermen Konstantins restaurieren und in der Mitte der **Piazza del Quirinale** aufstellen. Man steigt nun die Via della Dataria hinunter und biegt rechts in die Via San Vincenzo ein. Die Massen weisen den Weg zu Roms berühmtestem Brunnen, der **Fontana di Trevi**. Die Via dei Crociferi führt zum Eingang der Einkaufs-Galleria Alberto Sordi. Langsam bummelt man nun den **Corso** hinauf, der seit der Antike als Einkaufsmeile dient. Man biegt rechts in die **Via Condotti** ein, die Straße der Alta Moda, in der das älteste Café der Stadt, **Caffè Greco**, liegt. Die **Spanische Treppe** kommt ins Blickfeld, die Türme der Kirche **Trinità dei Monti** darüber. Über die Antiquitätenmeile **Via del Babuino** spaziert man weiter. Über die Piazza del Popolo steigt man auf den **Pincio**, einem Hügel im Norden Roms, und genießt einen der schönsten Blicke auf die Ewige Stadt.
Dauer: 2–3 Std.

ESSEN UND TRINKEN

La Carbonara   ▶ S. 146, C 3
Mitten im römischen Leben • Auf dem Campo de' Fiori speisen: Einmal muss man einfach hier sitzen. Campo de' Fiori 23 • Bus: Corso Vittorio Emanuele • Tel. 0 66 86 47 83 • www.ristorantelacarbonara.it • Mi–Mo 12.15–15 und 19.30–23 Uhr • €€

Obika a Parlamento   ▶ S. 146, C 2
Außergewöhnlich • Die erste Mozzarellabar Roms, in der man delikate Käse- und Nudelspezialitäten verzehrt. Günstige Mittagsmenüs.

Via dei Prefetti 26a • Bus: Prefetti •
Tel. 0 66 83 26 30 • www.obika.it •
Mo–Fr 8–24, Sa, So 9–24 Uhr • €

Palatium – Enoteca regionale
▶ S. 147, D 3

Alles bio • Weit mehr als eine Weinhandlung (über 180 Weine aus der Region Latium) – die Enoteca ist ein Schlaraffenland mit vergessen geglaubten Geschmackserlebnissen. Es kann verkostet, gegessen und eingekauft werden – auch diverse Öle und andere Köstlichkeiten.
Via Frattina 94 • Metro: Spagna •
Tel. 06 69 20 21 32 • www.enoteca
palatium.it • Mo–Sa 12–14 und 19–23 Uhr • €

Giolitti
▶ S. 147, D 3

Seit zwei Jahrzehnten die In-Eisdiele Roms. Besuchenswert.
Via Uffici del Vicario 40 • Bus: Largo Chigi • www.giolitti.it

EINKAUFEN

Borsalino ▶ S. 146, C1
Tradition und Chic fürs edle Haupt seit 150 Jahren. Große Auswahl.
Pza del Popolo 20 • www.borsalino.it

La Tradizione di Belli e Fantucci
▶ S. 146, östl. A 2

Eine der besten Adressen für Käse, Wurst und andere Delikatessen.
Via Cipro 8e • Metro: Cipro–Bragadin

Cartoleria Pantheon ▶ S. 146, C 3
Der Laden für Liebhaber von schönem Papier und Schreibwaren.
Via della Rotonda (beim Pantheon) • www.pantheon-roma.it

SERVICE

AUSKUNFT
Turismoroma ▶ S. 147, östl. F 3
Stazione Termini (Bahnhof), Via Giolitti 34, Binario (Gleis) 24 • www. turismoroma.it • tgl. 8–19.30 Uhr

Gute Vorbereitung hilft, um in den Musei Vaticani (▶ S. 81) den Überblick zu behalten! Eine Spiraltreppe, 1932 von Giuseppe Momo entworfen, führt in die Säle.

Neapel

1 036 000 Einwohner

Die Vitalität und Lebensfreude, die sich vor allem in der Altstadt zeigen, haben europäische Künstler und Literaten bereits im 18. Jh. begeistert beschrieben. Die Altstadt ist das Herz Neapels, wobei selbstverständlich das elegante **Chiaia-Viertel** mit seinen Wohnpalästen der Jahrhundertwende oder der im Westen etwas außerhalb gelegene Posilliphügel mit seinem atemberaubenden Panorama nicht vergessen werden darf. Aber auch die »Oberstadt« Neapels auf dem **Vomero**, früher Jagdrevier, lädt mit ihren weitläufigen Platanenalleen und Jugendstilhäusern zum Flanieren ein.

HAFEN

Vom Kreuzfahrtterminal am Molo Angioino gelangt man zu Fuß ins Zentrum (10 Min.). Ganz in der Nähe legen die Boote nach Capri ab.

SEHENSWERTES

Castel Nuovo

Die mächtige Festung wurde von Karl I. von Anjou im 13. Jh. errichtet. Das Marmorportal zählt zu den besten Renaissancearbeiten Neapels.
Piazza Municipio • Mo–Sa 9–19 Uhr • Eintritt 5 € (Museum)

Castel Sant'Elmo

Robert der Weise legte 1343 diese Festung hoch über der Stadt auf dem Vomerohügel an. Der Blick auf Stadt und Golf ist einzigartig.
Via Tita Angelini 20 • tgl. 8.30– 19.30 Uhr • Eintritt 5 €, erm. 2,50 €

Catacombe di San Gaudioso

Eindrucksvolle Beispiele neapolitanischer Grabkultur des 17. Jh.

Piazza della Sanità (Basilika Santa Maria della Sanità) • www.catacombe dinapoli.it • Führungen tgl. 10– 13 Uhr • Eintritt 9 €, Kinder 5 €

Marechiaro-Bucht

In einer kleinen Bucht am Fuß des Posillipo, des südwestlich ins Meer eintauchenden Bergrückens, liegt das ehemalige Fischerviertel Marechiaro, das man von der Via Posillipo über die Via Franco Alfano erreicht. Die Lokale an den Bootsanlegern garantieren einen romantischen Abend.

Piazza Bellini

Der Platz, auf dem sich eine griechische Ausgrabungsstätte befindet, liegt in der Nähe des Konservatoriums und gehört zu den beliebtesten Treffpunkten Neapels. Hier verwöhnen Cafés und Restaurants ihre Gäste fast rund um die Uhr.

MUSEEN

Museo Archeologico Nazionale

Das aus dem 18. Jh. stammende Museum beherbergt eine der bedeutendsten archäologischen Sammlungen Europas. Zu sehen sind u. a. eine Ausstellung antiker Skulpturen (Erdgeschoss), eine ägyptische Sammlung (Untergeschoss) und alle bei den Ausgrabungen in den antiken Städten Pompeji, Ercolano, Stabia und Cuma gefundenen Schätze (Zwischen- und Obergeschoss).
Piazza Museo 19 • www.museo archeologiconapoli.it • Mi–Mo 9– 19.30 Uhr • Eintritt 12 €, erm. 6 €

Museo Cappella Sansevero

Die einstige Begräbniskapelle der Adelsfamilie Sangro befindet sich gegenüber der Kirche San Dome-

nica Maggiore und birgt eine besondere Attraktion: Die Marmorskulptur »Cristo Velato« (»Der verhüllte Christus«) von Giuseppe Sanmartino ruft Staunen und Bewunderung hervor, so täuschend echt ist der transparente Schleier gelungen.
Via Francesco de Sanctis 19/21 • www.museosansevero.it • Mi–Mo 9–19 Uhr • Eintritt 7 €, Kinder 5 €

Museo e Galleria Nazionali di Capodimonte

Im Schloss Capodimonte befindet sich die Nationalgalerie. Ihren Grundstock bildet die Sammlung der italienischen Adelsfamilie Farnese mit Werken u. a. von Caravaggio, Raffael und Michelangelo, für die Karl III. mit dem Schloss einen würdigen Rahmen schuf.
Parco di Capodimonte, Via Miano 2 • www.museocapodimonte.beni culturali.it • Do–Di 8.30–19.30 Uhr • Eintritt 12 €, Kinder frei

SPAZIERGANG

Nach einem Besuch des Doms, der **San Gennaro**, dem Schutzpatron Neapels, geweiht ist, überquert man die Via Duomo und taucht in das lebendige Treiben der Via Tribunali ein. Auf der linken Seite erscheint die Kirche **San Lorenzo Maggiore**. Hier biegt man links ab und befindet sich in der Krippenstraße, der **Via San Gregorio Armeno**, in der neben den Werkstätten der Krippenbauer auch Seidenblumenbinder ansässig sind. Auch ein Besuch der Kirche **San Gregorio Armeno** bietet sich an. Danach biegt man am Ende der Gasse rechts in die Via San Biagio dei Librai ab, den berühmten Straßenzug, den die Einheimischen **Spaccanapoli** nennen. Hier reihen sich imposante Stadtpaläste aneinander, darunter der **Palazzo Marigliano**. Hat man die **Piazzetta Nilo** mit der Statue des Nilgottes erreicht, spaziert man rechts ein Stück die Via Nilo hinauf und biegt dann links in die Via F. de Sanctis, in der die **Cappella Sansevero** liegt. Am Ende dieser Straße breitet sich die belebte **Piazza San Domenico Maggiore** mit der gleichnamigen Kirche aus. Man folgt der Via B. Croce bis zur Piazza Gesù Nuovo, an der sich die **Chiesa di Santa Chiara** und die Jesuitenkirche **Gesù Nuovo** gegenüberstehen.
Dauer: ca. 2 Std.

 MERIAN Tipp

NAPOLI SOTTERRANEA

Das weit verzweigte ehemalige Zisternensystem der Stadt, das unterirdische Neapel, diente den Neapolitanern im Zweiten Weltkrieg als Schutzraum und später Mitgliedern der Unterwelt als Fluchtweg. Führungen durch die unterirdische Welt finden im historischen Zentrum statt.
Neapel, Piazza San Gaetano 68 • Tel. 0 81 29 69 44 • www.napolisotterra nea.org • Mo–So 10–18, Do auch 21, auf Engl. tgl. 10, 12, 14, 16, 18 Uhr • Eintritt mit Führung 10 €, erm. 8 €

ESSEN UND TRINKEN
Taverna dell'Arte

Regionaltypisch • Kleines Lokal, in dem nach historischen Rezepten gekocht wird, vor allem Suppen und Fleisch. Eine Spezialität des Hauses ist der gefrorene und dann zerstoßene Basilikumlikör.
Rampe S. Giovanni Maggiore 1a • Tel. 08 15 52 75 58 • Mo–So 19–23 Uhr • €

EINKAUFEN
Dolce Idea di Gennaro Bottone
Die mehrfach ausgezeichneten Produkte der Schokoladenfabrik eignen sich mit ihren ausgefallenen Verpackungen gut als Mitbringsel. Via P. Castellino 132 und Gennaro Serra 78 • www.gennarobottone.it

 FotoTipp

GOLF VON NEAPEL
Ein idealer Ort, um ein Foto vom Golf von Neapel zu machen, ist der Platz Largo Madre Teresa di Calcutta, wo sich die Straßen Via T. Tasso und Via Aniello Falcone kreuzen. Das Panorama reicht vom Capo Posillipo bis zum Castel dell'Ovo.

SERVICE
AUSKUNFT
Aasct – Touristinformation
Piazza del Gesù Nuovo und Via San Carlo 9 • Tel. 0 81 55 12 01 • www.napolinapoli.com

Ausflüge
◎ Cuma
Das historische Cumae wurde im 8. Jh. v. Chr. gegründet und gilt als eine der ältesten griechischen Kolonien Italiens. Auf der Höhe des Monte di Cuma liegen die Ruinen der Akropolis, im Osten der Apollontempel und auf dem höchsten Plateau der zur Basilika umgestalteten Zeustempel, von dem man einen herrlichen Ausblick aufs Meer hat. Zum Parco Archeologico in Cuma gehört außerdem die **Orakelgrotte** (**Antro della Sibilla**) der Sibylle. Entdeckt wurde die Grotte 1932 von dem Archäologen Amedeo Maiuri.

Parco Archeologico di Cuma, Via Acropoli • Tel. 08 18 04 04 30 • tgl. 9 Uhr bis 1 Std. vor Sonnenuntergang • Eintritt 4 €
18 km westl. von Neapel

◎ Grotta Azzurra Capri (Blaue Grotte) 👣
Fähre oder Schnellboot bringen Sie in 45 Min. mehrmals täglich von Neapel nach Capri (www.caremar.it, www.snav.it). Vom Hafen Marina Grande geht es dann mit offenen Motorbooten die nördliche Inselküste entlang (ca. 17 €). Vor der Grotte helfen die »Caprifischer« den Besuchern, in kleinere Ruderboote umzusteigen, um durch die schmale Felsöffnung zu gelangen. In der Grotte schmettern sie dann – gegen ein entsprechendes Trinkgeld – ein gefühlvolles neapolitanisches Lied. Tel. 08 18 37 56 46 • www.capritourism.com • tgl. 9–17 Uhr • Eintritt 13 € (inkl. Ruderboot)

◎ Pompeji
26 100 Einwohner
Das blühende Leben der antiken Stadt Pompeji fand durch den Vesuvausbruch 79 n. Chr. ein jähes Ende. Zum Zeitpunkt der Tragödie war Pompeji eine reiche und selbstständige Hafen- und Handelsstadt, die unter einer 6 m hohen Ascheschicht begraben wurde. Bis heute ist sie noch nicht vollständig freigelegt. Man fand mehrstöckige öffentliche Gebäude, Tempel, Läden und Tavernen. Eine Vielzahl vornehmer Villen bezeugen den luxuriösen Lebensstil der Pompejaner. Die Fundstücke der älteren Ausgrabungen sind heute im **Museo Archeologico Nazionale** in Neapel (▶ S. 84) zu sehen. Für die Besichtigung des Ausgrabungsgelän-

des sollte man sich wenigstens einen halben Tag Zeit lassen. Der Via Marina folgend, erreicht man das **Forum**, den von zweigeschossigen Säulenhallen gerahmten Hauptplatz der antiken Stadt, der von öffentlichen Gebäuden umgeben ist. Im Norden des Forums steht der **Jupitertempel**. In den dahinter liegenden Straßen befinden sich einige der sehenswertesten Gebäude Pompejis. Vom Forum aus kann man auch der einstigen Hauptgeschäftsstraße **Via dell'Abbondanza** in Richtung der neueren Ausgrabungen und des **Amphitheaters** folgen. Auf diesem Weg liegen auch die **Terme Stabiane**. Geht man von dort die Via Stabiana in südlicher Richtung, gelangt man zu den beiden **Theatern** der Stadt. Sie konnten 5000 (Theater) bzw. 900 (Odeum) Zuschauer aufnehmen.

Pompei Scavi: www.pompeiisites.org • April–Okt. 9–19.30, Nov.–März 9–17 Uhr • Eintritt 13 €, Kombiticket für alle Ausgrabungsstätten 22 € 26 km südöstl. von Neapel

◎ **Vesuv** 🔟

Der einzige heute noch tätige Vulkan auf dem europäischen Festland beherrscht mit seiner typischen Silhouette den Golf von Neapel. Nach dem letzten Ausbruch 1944 verschwand die Rauchfahne über dem Vesuv, bislang sein charakteristisches Merkmal. Als Zeichen seiner fortdauernden Aktivität blieben lediglich die rauchenden Fumarolen, die einen leichten Schwefelgeruch verströmen und zwischen 80 und 500 Grad heiß sind.

Auf den Vesuv gelangt man am besten von Ercolano oder Torre del Greco aus; am einfachsten ist es, wenn Sie sich einer geführten Tour anschließen. Die Straße führt vorbei an Pizzerien und Restaurants

Immer noch droht der Kratergipfel des Vesuvs (▸ MERIAN TopTen, S. 87) den Ruinen des Forums von Pompeji, das er vor 2000 Jahren mit Asche überzog.

und zieht sich dann in immer enger werdenden Kurven durch Weingärten, weiter oben durch Ginsterwälder und Pinienhaine, vorbei am erstarrten Lavastrom von 1944, bis auf ca. 1000 m Höhe. Vom Parkplatz geht es nur noch zu Fuß weiter (ca. 30 Min.). Die Anstrengung lohnt: Vom Kraterrand hat man bei klarem Wetter und vor allem in den Morgenstunden einen atemberaubenden Blick über den gesamten Golf.
www.guidevesuvio.it • Eintritt zum Kraterrand mit Führung ca. 8 €
Ca. 25 km südöstl. von Neapel

SARDINIEN

Herbe Schönheit empfängt Sie auf Sardinien. Die Insel ist geprägt von landschaftlicher Vielfalt, mondänen Stränden mit türkis schimmernden Fluten an der Costa Smeralda und lebhaften Hafenstädten.

📷 FotoTipp

BASTIONE SAN REMY

Besonders eindrucksvolle Bilder von der Bastion können Sie vor allem abends machen. Achten Sie dabei auf die »Zwei-Drittel-/ein-Drittel-Regel«: Verhältnis Bauwerk zu Himmel oder umgekehrt.   ▶ S. 88

Cagliari

155 000 Einwohner
Lebhaften sardischen Alltag erlebt man in der Inselhauptstadt. Cagliari reißt die Besucher mit: das pulsierende Leben, der tosende Verkehr, die zu Stein gewordene Geschichte … Ruhe suchende Urlauber und Cagliaritaner flüchten gern auf

die **Bastione San Remy** oberhalb der Piazza Costituzione. Von hier aus bietet sich ein herrlicher Blick auf die Stadt und den Hafen. Cagliari wurde im 7. Jh. v. Chr. von den Phöniziern als Karali gegründet, wie 6000 bis 7000 Jahre alte Funde beweisen. Haupteinkaufsstraßen sind die Via Garibaldi und die Via G. Manno, wo sich ein Geschäft ans andere reiht.

HAFEN

Das neue Kreuzfahrtterminal liegt stadtnah, d. h., man ist in ca. 15 Min. zu Fuß in der Stadt. Schneller geht es mit dem Hafenshuttle, das Reisende bis zur Piazza Matteotti bringt.

SEHENSWERTES
Bastione San Remy

Hoch über der lärmenden Piazza Costituzione wartet eine Oase der Ruhe: die 1901 erbaute Bastione San Remy. Von der frisch renovierten Aussichtsterrasse blickt man über Teile der Stadt und den Hafen.

San Saturno

Mit dem Bau der ältesten Kirche Sardiniens wurde schon im 5. Jh. begonnen. Die 17 m hohe Kuppel stammt aus dieser Zeit und diente in der Folgezeit zahlreichen anderen Kirchen als Vorbild.

SPAZIERGANG

Beginnen Sie Ihren Stadtrundgang am Hafen, an der **Via Roma**. Das schönste Gebäude ist der **Palazzo del Municipio (Rathaus)** gegenüber der **Piazza Matteotti**. Gebaut wurde der weiße Palast mit seinen achteckigen Portaltürmen 1897. An der Ostseite des Palazzo beginnt der **Largo Carlo Felice**, eine lange Prachtstraße, die

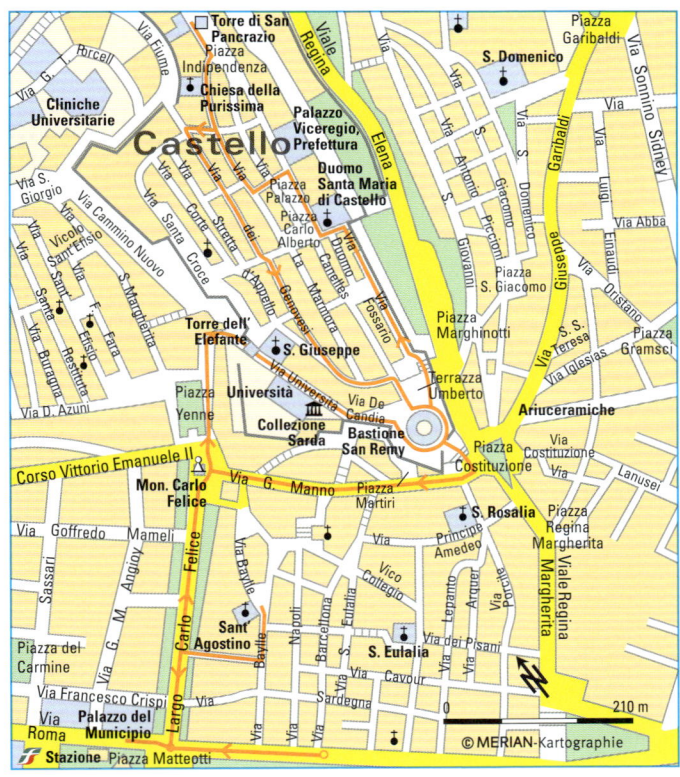

sich den Berg hinaufzieht. Hier findet man schöne Geschäfte mit großer Auswahl. Auf dem Weg nach oben kommt man auf der rechten Seite zu einem kleinen Platz mit der Kirche **Sant'Agostino** aus dem Jahre 1580. Die Renaissancekirche ist leider geschlossen. Doch immerhin können Sie in dem kleinen Innenhof vor der Kirche die Ruhe genießen und die Skulpturen des zeitgenössischen sardischen Bildhauers Pinuccio Sciola betrachten. Oben auf der **Piazza Yenne** angelangt, stehen Sie zwischen Marktständen. Verkauft werden (angeblich sardisches) Kunsthandwerk, afrikanische Mas-

ken und allerlei Trödel. Von hier aus kann man das enge Gassengewirr der Stadt erkunden.

Rechts oberhalb der Piazza führen Treppen zum **Castello**. Viele Jahrhunderte war das Kastell, sardisch »Casteddu«, wie eine Stadt innerhalb der Stadt. Gebaut wurde es ab 1217 von den Pisanern; die Spanier übernahmen es, als es schon fast vollendet war. Den Pisanern ist auch die gewaltige, etwa 35 m hohe **Torre dell'Elefante** zu verdanken, zu deren Füßen Sie nach dem steilen Anstieg stehen. Gegenüber befindet sich ein Gebäude der Universität aus dem Jahre 1765. Wenn Sie der Via Università folgen, erreichen Sie die **Bastione San Remy**, einer 1720 von den Piemontesern errichteten Befestigungsanlage. Herrlich ist der Blick von der frisch renovierten Aussichtsterrasse, der **Terrazza Umberto**. Wenn Sie die Treppe weiter hinaufsteigen, gelangen Sie zur **Via Fossario** und direkt ins Zentrum des Viertels. Am Ende der Straße ragt der **Duomo Santa Maria di Castello** aus dem 13. Jh. auf. Mit seiner hellen Marmorfassade erinnert er an den Dom von Pisa. Die herrliche Guglielmo-Marmorkanzel aus dem 12. Jh. stand tatsächlich früher im Dom von Pisa. Den Vorplatz begrenzt das alte Rathaus aus dem 18. Jh., die angrenzende **Piazza Palazzo** wird vom **Palazzo Viceregio** bestimmt, heute Sitz der Präfektur der Provinz Cagliari. Am Ende der Via La Marmora, vorbei an der **Chiesa della Purissima**, einer katalanisch-gotischen Kirche, liegt die **Piazza Indipendenza**. Überragt wird der Platz von der **Torre di San Pancrazio**. Auf der Piazza finden Sie auch das **Museo Nazionale**, eine recht überladene Ausstellung von Funden aus diversen Epochen. Über die **Via dei Genovesi** kommen Sie zurück zur Bastione San Remy. Sie verlassen die Terrazza Umberto über die Treppen nach unten auf die **Piazza Costituzione**. Von hier aus gelangen Sie auf die **Via G. Manno,** eine der schönsten Einkaufsstraßen der Stadt. Sie stößt am Ende wieder auf den Largo Carlo Felice, der Sie zurück zum Ausgangspunkt bringt. Dauer: ca. 3 Std.

ESSEN UND TRINKEN

Sa Domu Sarda

Sardische Küche • Direkt im Hafenviertel gelegene hervorragende Osteria mit authentischer Kost. Serviert

Von der Bastione San Remy (▶ S. 88) bietet sich ein atemberaubender Blick über die Bucht von Cagliari und das Viertel Castello.

werden Vorspeisen und brillante Fleischgerichte. Gute Weine.

Via Sassari 51 • Tel. 07 06 53 400 • tgl. 12.30–15 und 19.30–23 Uhr • €€

SERVICE
AUSKUNFT
Sardegna Turismo
Viale Trieste 105 • Tel. 07 06 06 72 26 • www.sardegnaturismo.it

Ausflüge
◎ Nora
Kurz hinter dem Dorf Pula liegt die römisch-punische Hafenstadt Nora, deren Säulen und Mosaiken teils noch aus der römischen Kaiserzeit stammen. Vermutlich wurde die Küstenstadt im 9./8. Jh. v. Chr. von Phöniziern als Stützpunkt für ihren Handel gegründet. Funde aus Grabbeigaben lassen darauf schließen, dass Nora bereits im 5. Jh. v. Chr. eine reiche Handelsstadt war. Im 2. und 3. Jh. n. Chr. erreichte die Stadt unter römischer Herrschaft ihre Blütezeit. Der Niedergang Noras begann etwa Mitte des 5. Jh. n. Chr mit den Überfällen der Vandalen.

Besichtigungen tgl. 9–19 Uhr
35 km südl. von Cagliari

◎ Nuraghe Su Nuraxi
Diese Nuraghenanlage ist die besterhaltene und interessanteste Sardiniens. Sie entstand wohl im 6. und 5. Jh. v. Chr. Um eine Bastion herum sieht man noch die Grundmauern von rund 60 Hütten. Die gesamte Anlage erstreckt sich über rund 1000 m^2 (im Sommer tgl. 9–19, sonst bis 16 Uhr, Führung alle 30 Min., 11 €, erm. 8,50 €). Die Nuraghe liegt nahe **Barumini**, das einst ein reines Hirten- und Bauerndorf war. Besonders schön und interessant

sind der alte Palazzo Zapata und die Pfarrkirche, beide aus dem 16. Jh.

Anfahrt: Über die Straße 131 bis kurz vor Sanluri
85 km nördl. von Cagliari

Olbia
59 900 Einwohner

Die Hafenstadt Olbia ist die viertgrößte Stadt Sardiniens und der wichtigste Passagierhafen der Insel. Die Stadt hat sich in den letzten Jahrzehnten stark vergrößert und nicht unbedingt an Charme gewonnen. Man kann von hier aus einen Abstecher ins mondäne Porto Cervo (30 km nördl.) und an die Costa Smeralda machen. Oder man fährt ein paar Kilometer Richtung Süden an einen der schönen Sandstrände.

HAFEN
Die Kreuzfahrtschiffe legen am Isola-Bianca-Pier an, etwa 2 km von der Altstadt entfernt. Mit dem alle 10 Min. verkehrenden Shuttlebus ist man in Kürze in der Stadt. Die Taxifahrt kostet ca. 9 €.

ESSEN UND TRINKEN
Barbagia
Traditionelle Küche • In diesem großen, klassisch-traditionellen Ristorante werden Fleisch- und Fischgelüste aufs Angenehmste befriedigt. Via Luigi Galvani 94 • Tel. 078 95 16 40 • www.ristorantebarbagia. com • €€

Ausflug
◎ San Teodoro
Südlich von Olbia gelegener Strandabschnitt mit weißem, sehr feinem Sand. Die schönsten Strände sind Cala d'Ambra und La Cinta.

30 km südl. von Olbia

SIZILIEN

Selten ist man den europäischen Ursprüngen so nah wie auf Sizilien, der einstigen Grenze zwischen Morgen- und Abendland. Die Griechen und Römer rangen mit den Karthagern um den Besitz der Insel; ihre Eigenständigkeit gaben die Sizilianer jedoch nie auf. Und heute ist die Insel so reich an Geschichte und Kultur, dass sie wie ein ganzer Kontinent im Kleinen anmutet.

Catania

400 000 Einwohner
Die zweitgrößte Stadt Siziliens ist von Erdbeben und Ätna-Ausbrüchen gezeichnet. Dennoch ist es eine vitale Großstadt. Der Hauptkrater ist 30 km entfernt; im 17. Jh. verwüstete der Ätna zweimal die Stadt.

SEHENSWERTES
Duomo di Sant'Agata
Im Kern geht der dreischiffige Dom zwar auf die Normannenzeit zurück, doch nach dem großen Erdbeben von 1693 wurde das beschädigte Gotteshaus in die barocke Umgestaltung des Stadtbildes mit einbezogen. Piazza del Duomo • tgl. 9–13 und 16–19 Uhr

SPAZIERGANG
Die **Porta Uzeda**, ein prächtiges Barocktor von 1696, markiert den Wiederaufbau der vom Erdbeben zerstörten Stadt. Das Tor trennt den Domplatz vom Hafenviertel mit dem **Castello Ursino**. Von der Porta Uzeda sind es nur wenige Schritte bis zur **Piazza del Duomo**. Inmitten des Platzes steht Catanias Wahrzeichen, die **Fontana dell'Elefante**, der Elefantenbrunnen. Werktags bietet sich ein Besuch des Fischmarktes, der **Pescheria**, an, bevor es entlang der Via Vittorio Emanuele II weiter bis zum **Teatro Romano** geht. Ein Stück die Straße zurück kommt man zur Piazza San Francesco. Dort befindet sich der Eingang zum **Museo Belliniano**, dem Geburtshaus des Opernkomponisten Vincenzo Bellini, wie auch zum **Museo Emilio Greco**. Von der Piazza San Francesco verläuft die barocke Prachtstraße **Via Crociferi** in Richtung Norden. Über die Via Antonino di Sangiuliano gelangt man zu der von Geschäften gesäumten **Via Etnea**, der »Hauptschlagader« Catanias. An der Piazza Stesicoro ist ein kleiner freigelegter Teil des **Anfiteatro Romano** zu sehen, das zu den größten des Römischen Reiches gehörte. Der Via Etnea weiterhin folgend kommt man am Stadtpark **Villa Bellini** vorbei. Noch etwas weiter nördlich erstreckt sich der **Orto Botanico** mit einer Fülle an exotischen Pflanzen.
Dauer: 4 Std.

ESSEN UND TRINKEN
La Paglia
Authentisch • Mitten im Fischmarkt liegt diese kleine Trattoria, die sich der traditionellen catanischen Küche verschrieben hat.
Via Pardo 23 • Tel. 095 34 68 38 • Mo–Sa 10–16 und 18–24 Uhr • €€

Ausflüge
◎ **Ätna (Etna)**
Der Ätna, der größte Vulkan Europas, dessen Silhouette den Osten Siziliens dominiert, schlummert nicht: Zwischen zehn und 20 größere Ausbrüche werden pro Jahrhundert gezählt. Auf dem Weg zum Gipfel passiert man die unterschiedlichsten

Vegetations- und Klimazonen. In der fruchtbaren Ebene gedeihen Orangen- und Zitronenbäume, ein wenig höher Gemüse und Wein, weiter oben bestimmen Kastanienwälder das Landschaftsbild. In den höheren Lagen wachsen Ginster und Wacholder, in der Gipfelregion fast ausschließlich Flechten. Von der Nord- und der Südseite aus werden Jeep-Exkursionen bis auf rund 2900 m Höhe angeboten (pro Person ca. 50–75 €). Vom Rifugio Sapienza führt eine Seilbahn zur Bergstation La Montagnola auf 2600 m Höhe (www.funiviaetna.com, tgl. 9–17 Uhr, 30 €). Ohne Führer loszuziehen ist lebensgefährlich.

30 km nördl. von Catania

Messina

280 000 Einwohner

Der gleichnamigen Meerenge verdankt die Stadt ihre Bedeutung. Messina war von jeher eine strategisch wichtige Hafenstadt: Die Lage am **Stretto**, der Meerenge, und der sichelförmige Naturhafen waren wie geschaffen für eine Stadtgründung.

HAFEN

Der Anleger für die Kreuzfahrtschiffe liegt zentral. Die Sehenswürdigkeiten der Stadt sind in wenigen Gehminuten zu erreichen.

SEHENSWERTES

Duomo

Der 1197 unter Roger II. geweihte Normannendom, der dem großen Erdbeben von 1908 und einer Brandbombe 1943 zum Opfer fiel, ist ein Musterbeispiel des Wiederaufbaus. Der Dom besitzt die mit 16 000 Pfeifen größte Orgel Italiens.

Piazza del Duomo • tgl. 9–18 Uhr

MUSEEN

Museo Regionale di Messina

Hier dreht sich alles um die Kunst des 12. bis 18. Jh. Herausragend sind zwei Gemälde von Caravaggio sowie kunstvolle Goldschmiedearbeiten.

Viale Libertà 465 • Di–Sa 9–19, So 9–12.30 Uhr • Eintritt 8 €, erm. 4 €

ESSEN UND TRINKEN

Piero

Anspruchsvoll • Seit 1962 wird in dem Familienbetrieb authentische »cucina messinese« aufgetischt.

Via Ghibellina 119 • Tel. 09 06 40 93 54 • www.ristorantepiero.com • Mo–Sa 12.30–15.15, 20–23.30 • €€€

Ausflüge

◎ Taormina

11 000 Einwohner

Seit sich Sizilien als klassisches Reiseziel etabliert hat, führt kein Weg an Taormina vorbei. Schon nach kurzer Zeit hält der einzigartige Charme des malerischen Städtchens jeden Besucher gefangen.

52 km südl. von Messina, regelmäßige Zugverbindung

SEHENSWERTES

Teatro Greco 👫👧

Der Blick vom Griechischen Theater auf den Ätna ist herrlich. Das Wahrzeichen Taorminas wurde im 3. Jh. v. Chr. erbaut. Sein heutiges Aussehen erhielt es jedoch erst 400 Jahre später, als die Römer das Bauwerk für Gladiatorenkämpfe nutzen wollten. Direkt ans Theater schließt sich das Antiquarium an. Das archäologische Museum zeigt Funde aus Taormina und Umgebung.

Via del Teatro Greco 1 • tgl. von 9 Uhr bis 1 Std. vor Sonnenuntergang • Eintritt 10 €, Kinder 5 €

SPAZIERGANG

Der **Corso Umberto**, die Flanier- meile Taorminas, erstreckt sich in einem leichten Bogen von der Porta Messina bis zur Porta Catania, quer durch die Stadt. Hinter der Porta Messina befindet sich der **Palazzo Corvaia**, ein weitgehend im gotisch- katalanischen Stil errichteter Palast, der heute das städtische Verkehrs- büro beherbergt. Schräg dahinter liegt das **Odeon-Theater**, ein kleiner Ziegelsteinbau aus der römischen Kaiserzeit. Weit imposanter ist das am Ende der Via Teatro Greco gele- gene **Teatro Greco**. Schlendert man den Corso weiter, stößt man auf die **Aussichtsterrasse** Piazza IX Aprile. Die **Chiesa Sant'Agostino** besitzt ein schön gearbeitetes gotisches Por- tal. Kurz darauf erreicht man den **Duomo San Nicola** aus dem 13. Jh. Dauer: 2 Std.

ESSEN UND TRINKEN
Vineri Modì

Perfekt • Keine Touristenfalle, son- dern ein erstklassiges Restaurant mit Straßenterrasse. Präsentation und Qualität der Speisen sind genial!
Via Calapitrulli 13 • Tel. 0 94 22 36 58 • €€

Palermo

680 000 Einwohner
Die pulsierende Metropole liegt an einer lang gestreckten Bucht und hat trotz des kulturellen Raubbaus un- endlich viele Kirchen und Paläste. 2015 wurden die arabisch-norman- nischen Monumente zum UNESCO- Weltkulturerbe erklärt. Auf orien- talisch anmutende Basare folgen schicke Boutiquen. Unter den Nor- mannen baute Palermo seine Vor- rangstellung aus und wurde zum

Schmelztiegel arabischer, jüdischer, byzantinischer und abendländisch- christlicher Kultur. Vor 400 Jahren hielt die Gegenreformation gewalt- sam Einzug, und die jahrhunderte- lange Toleranz gegenüber religiösen Minderheiten nahm ein jähes Ende.

HAFEN

Die Innenstadt ist nur wenige Geh- minuten von der Stazione Marittima entfernt, wo die Kreuzfahrtschiffe anlegen.

SEHENSWERTES
La Cappella Palatina

Die ursprünglich frei stehende Ka- pelle ist von bescheidenem Ausmaß, aber umso reicher mit prachtvollen Mosaiken und Ornamenten verziert. Zur Ausstattung zählt neben dem Thron Rogers II. die einzige erhal- tene normannische Kanzel Siziliens.
Piazza Indipendenza • Mo-Sa 8.15– 17.45, So 8.15–13 Uhr • Eintritt 6 €

San Giovanni degli Eremiti

Das von fünf Kuppeln gekrönte Kirchlein liegt in einem hübschen Garten und ist ein schönes Beispiel der Vermischung islamischer und christlicher Architektur. Der Kreuz- gang aus dem 13. Jh. verströmt eine märchenhafte Atmosphäre.
Via dei Benedettini 20 • Mo-Sa 9–19, So 9–13.30 Uhr • Eintritt 6 €, erm. 3 €

SPAZIERGANG

Ausgangspunkt ist die Porta Nuova, die sich an den **Palazzo dei Nor- manni** anschließt, dessen Blickfang die **Cappella Palatina** ist. Nur einen Steinwurf entfernt steht die Kirche **San Giovanni degli Eremiti**. Durch den kleinen Park **Villa Bonanno** mit Statuen berühmter Personen gelangt

Energisch bringt sich der Ätna (▶ S. 92) immer wieder in Erinnerung. Seine karge Schönheit lässt sich am besten auf einer Wanderung erschließen.

man zur **Cattedrale**. Dem lauten Corso Vittorio Emanuele folgend, stößt man auf die **Quattro Canti**. Dieser von vier konkav gewölbten Häuserfassaden begrenzte Platz liegt am Schnittpunkt der Hauptverkehrsstraßen. Weiter geht es zum orientalischen Markt **Vucciría**. Danach geht es über die Hauptstraße zurück bis zur Kirche **San Francesco**. Gegenüber bietet die **Antica Focacceria** Stärkungen an. Dauer: 2,5 Std.

Ausflüge
◎ Cefalù

13 500 Einwohner
Der Ort kann auf eine 3000-jährige Geschichte zurückblicken. Die Altstadt, überragt vom Normannendom, ist besonders malerisch. Der gepflegte Strand lädt zum Baden ein. 70 km östl. von Palermo, regelmäßige Zugverbindung

SEHENSWERTES
Duomo

Roger II. legte 1131 den Grundstein zum bedeutendsten normannischen Kirchenbau Siziliens. Die dreischiffige Basilika beeindruckt durch byzantinische Mosaiken. Christus ist als Weltenherrscher dargestellt. Dieses mittelalterliche Mosaik gilt als das herausragendste ganz Siziliens. Piazza del Duomo • im Sommer tgl. 8–19.30, ansonsten tgl. 8–12 und 15.30–17 Uhr

Lavatoio Arabo

Das Waschhaus ist ein Relikt aus der Zeit, als die Araber noch herrschten. Via Vitt. Emanuele 55 • tgl. 9–13 Uhr

SERVICE
AUSKUNFT
A.A.S.T.
Corso Ruggero 77 • Tel. 09 21 34 00 01 • www.cefalu.it

Malta

Der kleine Inselstaat punktet mit barocker Ritterarchitektur und steinzeitlichen Tempelbauten sowie einer Mischung aus englischem Understatement und südländischer Lebenslust.

◀ Die Hauptstadt Valletta (▶ S. 97), im Vordergrund der Marsamxett Harbour.

Im Herzen des Mittelmeers liegt Malta, einst Bollwerk der Kreuzritter, später britische Kolonie, heute eine gelungene Mischung aus mediterraner Lebensart und englischem Understatement. Die vielen Sprachschüler sorgen in Valletta, der Inselhauptstadt, für eine quirlige Atmosphäre. Einen interessanten Kontrast dazu bildet »die stille Stadt« Mdina, die ehemalige Kapitale.

Valletta
7000 Einwohner
Stadtplan ▶ S. 148/149

Valletta erfreut sich gerade einer Wiedergeburt. Wesentlichen Anteil daran hatte die Ernennung zur Kulturhauptstadt 2018. Ein Bummel über die Republic Street zum **Großmeisterpalast** zeigt den Charakter der Stadt. Die Straßen sind im Schachbrettmuster angelegt; verlaufen ist unmöglich. Kirchen und Paläste zeigen Prunk und Wohlstand. Das Auf und Ab der Straßen wird von mehrstöckigen Wohnhäusern gesäumt, Holzerker geben den verwitterten Fassaden farbige Tupfer.

HAFEN
Die Kreuzfahrtschiffe machen an den Pinto Wharves an der Nordwestseite des Hafenbeckens fest. Der Barrakka Lift verbindet Lascaris Wharf, 500 m vom Cruise Terminal entfernt, mit den Upper Barrakka Gardens (tgl. 7–22 Uhr, 1 €).

SEHENSWERTES
Fort St. Elmo ▶ S. 149, E/F, 1/2
Das Fort, zwischen 1552 und 1556 von den Johannitern ausgebaut, be-

herbergt heute die maltesische Freiwilligenarmee und das **Nationale Kriegsmuseum**. An 30 Sonntagen im Jahr findet eine einstündige Parade von etwa 80 Soldaten in historischen Uniformen und Rüstungen aus der Ritterzeit statt.
– Besichtigung: April–Sept. tgl. 9–18, Okt.–März 9–17 Uhr • Eintritt 10 €
– Paraden: So 11 Uhr, Termine unter www.visitmalta.com • Eintritt 7 €

Grandmaster's Palace ▶ S. 148, C 3
Der ehemalige Palast der auf Lebenszeit gewählten Ordensfürsten der Johanniter dient heute noch als offizieller Sitz des maltesischen Staatspräsidenten, wird von ihm aber nur noch für Staatsempfänge genutzt. Der Palast stammt aus der zweiten Hälfte des 16. Jh. und kann besichtigt werden. Zwei Eingänge führen von der Republic Street auf zwei miteinander verbundene, begrünte Innenhöfe. Am hinteren Ende des Neptunhofes gelangt man über eine Treppe hinauf in die beiden Säle der **Waffenkammer**. Vom Prinz-Alfred-Hof wiederum führt eine Treppe zu den **Staatsgemächern**. Interessant: die Deckengemälde und Fresken.
Palace Square • Tel. 21 24 93 49 • http://heritagemalta.org
– Waffenkammer (Armoury): tgl. 9–17 Uhr • Eintritt 6 €, erm. 4,50 €
– Staatsgemächer (State Rooms): Mo–Mi, Fr 10–16.30, Sa, So 9–16.30 Uhr • Kombiticket 10 €, Kinder 5 €

St. John's Co-Cathedral ▶ S. 148, C 3
Die Barockkirche aus den Jahren 1573 bis 1577 war die Hauptkirche des Johanniterordens. In ihr sind über 400 Ritter beigesetzt worden. Ihre kunstvoll gestalteten Grabplat-

ten aus Marmor bedecken den gesamten Kirchenboden und viele Nebenräume. Der größte Schatz des Museums ist ein 1608 entstandenes Altarbild von Michelangelo di Caravaggio im Oratorium, »Die Enthauptung Johannes' des Täufers«.
Republic Street • Mo–Fr 9.30–16.30, Sa 9.30–12.30 Uhr • Eintritt 6/3,50 €

Eindrucksvoll: Fensterstein der Tempelanlage von Hagar Qim (▶ S. 99).

Valletta Waterfront   ▶ S. 148, südl. C 4
Gleich neben dem neuen Kreuzfahrtterminal wurden zahlreiche historische Lagerhäuser restauriert. Die 250 Jahre alten Bauten beherbergen jetzt Cafés, Bars, Restaurants und zahlreiche Geschäfte. Von hier aus kann man mit traditionellen Bootstaxis Rundfahrten im Grand Harbour unternehmen und nach Vittoriosa auf der anderen Seite des Hafens übersetzen.

MUSEEN
National Museum of Archaeology
▶ S. 148, B 3
Maltas Archäologiemuseum ist in der ehemaligen »Auberge de Provence« untergebracht und beherbergt viele interessante Funde aus der Zeit der Tempelbauer.
Republic Street • tgl. 9–17/18 Uhr • Eintritt 5 €, erm. 3,50 €

The Knights Hospitallers 👪
▶ S. 149, E 2
In den Kellergeschossen des alten Ordenshospitals werden mithilfe originaler Gegenstände die verschiedenen Aspekte des Krankenhauswesens der Ritterzeit dargestellt.
Sacra Infermeria • tgl. 9.30–17 Uhr • Eintritt 5 €, Kinder 2 €

SPAZIERGANG
Stadtplan ▶ S. 148/149
Vom **City Gate** geht man zunächst die Republic Street hinunter. Man kommt am Archäologischen Museum vorbei zur **St. John's Co-Kathedrale**. Der Markt auf dem Kirchplatz setzt sich auf der Merchants Street fort, von der aus man auf den Great Siege Square und die Republic Street zurückkehren sollte. Die Cafés am und auf dem **Republic Square** sind schön für eine Rast, bevor es weitergeht zum **Großmeisterpalast**. Wer Maltas einst verrufenen, heute aber harmlosen Rotlichtbezirk sehen möchte, macht einen kurzen Schlenker durch die **Strait Street** und folgt dann wieder der Republic Street bis zum **Fort St. Elmo** mit dem **National War Museum**. Von hier ist es nicht weit zur **Sacra Infermeria** und zur Multivisionsschau **Malta Experience**. Frische Luft schnappen kann man hinterher

in den **Lower Barracca Gardens**, wo seit 1992 auch ein Denkmal zur Erinnerung an den Zweiten Weltkrieg steht. Danach geht es über die Archbishop Street wieder bergan zum Großmeisterpalast und von dort am **Manoel Theatre** vorbei zur Kirche **Our Lady of Mount Carmel** mit eindrucksvoller Kuppel. Ein schöner Blick auf den **Marsamxett Harbour** eröffnet sich schließlich von der **St. Salvatore** und der **St. Andrew's Bastion** aus.
Dauer: 2–3 Std.

ESSEN UND TRINKEN

Giannini ▸ S. 148, A 4
Mit Panorama • Die mediterrane Küche bürgt für marktfrische Zutaten, die Lage auf einer Bastion der Stadtmauer für grandiose Aussicht. 23 Windmill St. • Tel. 21 23 71 21 • www.gianninimalta.com • Di–Fr 12–14, Di–Sa 19–22 Uhr • €€€€

EINKAUFEN

Charles Grech ▸ S. 148, C 3
Unter dem gleichnamigen Café warten viele maltesische Spezialitäten, ob fest oder flüssig, auf Käufer. 10 Republic St. • www.charlesgrech.com • Mo–Sa 9–19 Uhr

SERVICE

Pinto Wharf ▸ S. 148, südl. C 6
Valletta Cruise Port • Tel. 22 22 06 33 • www.vallettawaterfront.com

Ausflüge
◎ Hagar Qim

Diese steinzeitliche Tempelanlage beim Dorf Qrendi liegt besonders schön, oberhalb der hier sanft zum Meer hin abfallenden Küste. Wenn man nur einen Tempel auf Malta besuchen will, sollte es dieser sein. Er entstand in zwei Phasen um 3500 und um 2800 v. Chr. und besteht aus mehreren Räumen, die von einer geschwungenen Fassade eingefasst sind. Geht man um den Komplex herum, fallen in der Fassade zwei mächtige **Megalithen** (Großsteine) auf. Der **Haupteingang** ist sehr gut erhalten. Er wird links und rechts von je einer Reihe von drei senkrecht stehenden Megalithen gebildet, über die eine riesige Deckplatte gelegt wurde. Auffällig sind auch die sogenannten **Fenstersteine**, senkrecht stehende Steine mit ovalen Löchern, durch die ein Mensch gerade mal hindurchsteigen kann. Diese sollten den Zugang zu besonderen Räumen des Tempels geheimnisvoller und vielleicht heiliger gestalten. Im »Raum für Gläubige« wird vorstellbar, wie zumindest ein Teil des Tempeldachs konstruiert wurde. An diesen Raum schließt sich eine Kammer an, die nur durch ein kleines Loch erreichbar ist. Man vermutet, dass hier eine Priesterin saß, die den Pilgern durch dieses Loch ein Orakel verkündete. Die »Steine des Gebets«, wie Hagar Qim übersetzt heißt, sind nicht der einzige Tempelkomplex in diesem Gebiet. Nur 10 Min. entfernt liegen die **Tempel von Mnajdra**. April–Sept. tgl. 9–18, Okt.–März tgl. 9–17 Uhr • Eintritt mit Mnajdra 10 € 15 km südl. von Valletta

FotoTipp

HIGH NOON

Die schönsten Blicke auf den Grand Harbour bieten Ihnen die Upper Barracca Gardens. Mittags um 12 Uhr liefert Ihnen die Salutkanone Pulverdampf für den Vordergrund ▸ S. 97

◎ Mdina

258 Einwohner

Die Perle unter Maltas Städten, das noch immer von mittelalterlichen Mauern umgürtete Mdina, liegt weithin sichtbar in der Mitte der Insel auf der Felsnase eines Hochplateaus. Mdina wirkt wie ein Freilichtmuseum, obwohl in ihren Mauern noch gut 250 Menschen leben. Der Ort ist nahezu autofrei und für maltesische Verhältnisse so ruhig, dass man Mdina auch die »Stille Stadt« nennt.

13 km westl. von Valletta

SEHENSWERTES

Cathedral of St. Peter and St. Paul

Die Peter und Paul geweihte Kathedrale ist ein Werk des maltesischen Architekten Lorenzo Gafà. Sie entstand zwischen 1697 und 1702. Für die Gläubigen ist ein Kreuz neben dem Hauptaltar besonders wichtig. Kreuzritter Gottfried von Bouillon soll es 1099 bei der Eroberung Jerusalems getragen haben. Es gelangte später in den Besitz der Johanniter, die es von Rhodos nach Malta herüberretteten.

St. Paul's Square • Mo–Fr 9.30–16.30, So 9.30–15.30 Uhr

⭐ ⑨ MERIAN Tipp

FONTANELLA TEA GARDEN

Einer der schönsten Aussichtspunkte Maltas sind die Fontanella Tea Gardens auf der Stadtmauer von Mdina. Zum Panoramablick werden feine maltesische Kuchen gereicht.

Mdina, 1 Bastion St. • Tel. 21 45 42 64 • www.fontanellateagarden. com • tgl. 10–24 Uhr

St. Paul's Catacombs

Die größte unterirdische Grabanlage Rabats, das mit Mdina nahtlos verschmolzen ist, wirkt wie ein Labyrinth. Von einer großen, aus dem Fels gehauenen Halle aus führen zahlreiche Gänge an Grabkammern im Boden und in den Wänden vorbei. Sie waren die letzte Ruhestätte des »Durchschnittsvolkes«. Einige besonders wohlhabende Familien ließen für Tote aber auch Baldachingräber errichten. Eine Besonderheit sind die steinernen, kreisrunden Agape-Tische, an denen sich die Angehörigen der Toten zu sogenannten Liebesmahlen versammelten.

Rabat, Sant'Agata Street • tgl. 9–17 Uhr • Eintritt 5 €, Kinder 2,50 €

SPAZIERGANG

Man betritt Mdina durch das Hauptstadttor und sieht gleich linker Hand die **Torre dello Stendardo**, einen Flaggenturm der Ritter aus dem frühen 16. Jh. Ihm gegenüber erhebt sich der **Vilhena-Palast** aus dem Jahre 1730, in dem heute ein naturgeschichtliches Museum untergebracht ist. Gleich darauf biegt die Hauptgasse vor einem Benediktinerinnenkloster aus dem 17. Jh. nach links ab und wendet sich sogleich wieder nach rechts. Jetzt steht man auf der Hauptstraße Mdinas, der Villegaignon Street. Sie führt vorbei an alten Adelspalästen wie dem **Palazzo Inguanez** und dem **Palazzo Gatto Murina** aus dem 14. Jh. sowie dem alten Rathaus Mdinas, der Banca Giuratale, zum Kathedral-Platz mit der **Kathedrale** und dem **Kathedral-Museum**. Dann folgen an der Villegaignon Street der **Palazzo St. Sophia**, dessen Unterbau bereits von 1233 stammt, und der

Zwischen den Häusern der ehemaligen Inselhauptstadt Mdina (▶ S. 100) ist es still, es gibt kaum Autoverkehr, deshalb wird sie auch die »Stille Stadt« genannt.

Palazzo Costanzo, der heute als Restaurant dient. Dem Palast gegenüber erheben sich die Mauern des **Karmeliterklosters**. Wenige Schritte weiter folgt der **Palazzo Falson**, dessen Alter strittig ist. Manche datieren zumindest das Untergeschoss in die Zeit um 1100 zurück, andere meinen, der ganze Bau sei erst um 1500 entstanden. Die Villegaignon Street mündet in den **Bastion Square** auf einer der ehemals fünf Bastionen. Von hier hat man einen prächtigen Blick über die Insel. Dauer: 2–3 Std.

◎ Tarxien

Der meistbesuchte Tempel der Insel ist mit seinen vier Einzeltempeln die größte **Tempelanlage** der Republik Malta und stammt aus der Zeit zwischen 3800 und 2800 v. Chr. Die hier entdeckten Originale stehen allerdings im **National Museum of Ar-chaeology** (▶ S. 98) in Valletta, in den Tempeln wurden jedoch an den Fundstellen gute Kopien platziert.

In Tarxien lässt sich das **Bauprinzip** der meisten maltesischen Tempel gut erkennen. Sie sind in etwa nierenförmig, bestehen aus einem rechteckigen Zentralraum und zwei Nebenräumen. In diesen Tempeln stand eine Reihe verschiedenartig geformter **Altäre**. Auch die Kopie einer ursprünglich 3 m hohen Monumentalstatue der Magna Mater steht in den Tempeln von Tarxien. Nur ihre untere Hälfte bis hinauf zur Hüfte ist gefunden worden. Auffällig sind im Tempelkomplex von Tarxien außerdem große runde **Steinschalen**, die für rituelle Waschungen oder zur Aufnahme des Blutes von Opfertieren dienten, sowie zwei senkrecht stehende Steinplatten.

Tgl. 9–17 Uhr • Eintritt 6 €, Kinder 3 €
6 km südl. von Valletta

Tunesien

Orientalische Exotik verbindet sich mit ausgeprägter Gastfreundschaft. Das Land am Rande der Sahara fasziniert die Besucher mit bezaubernder Fremdartigkeit.

◂ Über den Dächern von Tunis (▸ S. 103): Blick auf die Ez-Zitouna-Moschee.

Blau, grün, braun – das blaue Meer, die grünen Wälder und der Sand der Sahara sind gleichsam ein Symbol für die vielen Gesichter Tunesiens. Morgenland und Abendland, Orient und Okzident treffen hier aufeinander, vor allem in der gemütlichen Metropole Tunis. Und dann ist da noch die Freundlichkeit der Menschen und die jahrhundertealte Tradition der Gastfreundschaft, die jedem Besucher schnell das Gefühl geben, herzlich willkommen zu sein.

Tunis

1,1 Mio. Einwohner
Die Geschichte von Tunis ist so alt wie das Land selbst. Die geografisch einmalige Lage an der leicht zu schützenden Bucht und der schnelle Zugang zum Land boten den idealen Platz für eine Ansiedlung. Als arabische Stämme 695 Karthago zerstörten, erlebte Tunis eine Blütezeit, die 300 Jahre später mit einem Angriff arabischer Aufständischer ein abruptes Ende fand. Erst mit Beginn der Hafsiden-Dynastie 1229 begann der unaufhaltsame Aufstieg zur Metropole. Der weitere Ausbau zur Hauptstadt begann zügig erst mit der französischen Kolonialzeit. Heute ist die Hauptstadt der politische, ökonomische und kulturelle Mittelpunkt des Landes.

HAFEN

Kreuzfahrtschiffe legen im Hafen La Goulette, 15 km nördlich von Tunis, an. Ein Taxi nach Tunis kostet etwa 15 €. Der Regionalzug (TGM) von La Goulette (Station Le Bac) nach Tunis pendelt regelmäßig ins Zentrum.

SEHENSWERTES

Ez Zitouna (Ölbaummoschee)

Der Grundstein zur Moschee wurde bereits im 7. Jh. gelegt, zeitgleich mit der Gründung der Stadt. 200 Jahre später wurde sie von dem Aghlabiden-Herrscher Ibrahim Ibn Ahmed völlig neu aufgebaut. Nach der Großen Moschee in Kairouan ist sie die größte und wichtigste Moschee Tunesiens, ihr Minarett ist 44 m hoch. Im Mittelalter entwickelte sich die der Moschee angeschlossene Universität zu einer der bedeutendsten Lehrstätten des Islam, die Bibliothek verfügt heute noch über eine riesige Sammlung arabischer Literatur.
Rue Jamaâ Ezzitouna • Sa–Do 8–12 Uhr • Eintritt 5 TND

Tourbet El Bey

Das Mausoleum stammt aus der Zeit der osmanischen Herrschaft (Ende 18. Jh.), was noch deutlich an den steinernen Turbanen erkennbar ist, die die Grabstelen schmücken.

MUSEEN

9 Musée du Bardo

Das bedeutende Museum enthält eine große Sammlung römischer Mosaiken von berückender Schönheit. In einem zum einstigen Palast des Bey von Tunis gehörenden Gebäude (hier war der Harem untergebracht), das 2012 baulich erweitert wurde, sind Exponate aus allen Epochen der Landesgeschichte, von der Frühzeit über die punischen Funde aus Karthago bis in die späte osmanische Zeit ausgestellt. Besonders eindrücklich sind die Funde aus dem Mahdia-Schiff, das 80 v. Chr. gesunken ist und 1906 entdeckt wurde.
Le Bardo • Di–So 9–17/16.30 Uhr • Eintritt 11 TND, erm. 4 TND

⭐ MERIAN Tipp

MARCHÉ CENTRAL IN TUNIS

Nach umfänglicher Renovierung erstrahlt die Markthalle von Tunis in neuem Glanz. Mit einer gelungenen Mischung von traditioneller und moderner Architektur entstand Tunesiens schönster Markt. Unverändert blieb natürlich das bunte Angebot an regionalen Früchten und Gemüse. Orientalische Stimmung verbreiten vor allem die Händler in der Fischhalle, die bis zum Mittag mit erheblichem Stimmaufwand ihre Produkte aus dem Meer anpreisen.

Tunis, Rue Charles de Gaulle • tgl. 6–14 Uhr

SPAZIERGANG

Der Spaziergang führt durch das Viertel **Halfaouine**. Um den berühmten volkstümlichen Stadtteil kennenzulernen, fährt man mit der Metro von der Haltestelle direkt hinter der Kathedrale bis **Bab El-Khadra** (2. Haltestelle), läuft dann in Fahrtrichtung, biegt nach nur wenigen Minuten in die erste Straße links, die Rue du miel (Honig-Straße), ein und passiert das noch rudimentär erhaltene Tor **Bab El-Assal** (Honig-Tor), wo einst der Honig aus der Umgebung verzollt und in die Stadt gebracht wurde.

Nach ca. 500 m führt linker Hand ein kreuzgangartiger Souk zur **Place Halfaouine** mit der imposanten **Großen Moschee**. Der uralte Platz hat viel von seinem einstigen Charme behalten. Der Weg geht weiter durch den offenen **Markt** des Viertels, der alles bietet, was Küche, Koch und Haushalt brauchen. Am Ende der Marktstraße erreicht man den Platz **Bab Souika**, das zweite Herzstück von Halfaouine. Am linken Ende führt die Rue Mongi Slim zum Stadttor Bab El Bhar, auch Porte de France genannt.

Dauer: ca. 1,5 Std.

ESSEN UND TRINKEN

Chez Nous

Beliebt bei Einheimischen • Restaurant im Stil einer Künstlerkneipe mit preiswertem, sehr gutem Menü.

5 rue de Marseille • Tel. 71 2540 43 • €

Rue du Caire/Rue de Marseille

In den beiden Querstraßen der Avenue Habib Bourguiba (unweit des Hotels Africa) laden diverse empfehlenswerte Restaurants (darunter Al Mazar, La Mamma und Le Caire) zu original tunesischer Küche ein. Die Lokalitäten sind bei Einheimischen sehr beliebt.

SERVICE

AUSKUNFT

Turist Information Tunis

1 av. Mohamed V • Tel. 71 84 06 22

Ausflüge

◎ Karthago (Carthage)

Karthago ist das Zentrum der politischen Macht Tunesiens. Hier residierte der gestürzte Präsident Ben Ali, und hier stehen die Villen der Mächtigen und Reichen. Trotz der Niederlage im Kampf gegen Rom hat der Name Karthago auch nach Jahrtausenden nichts von seiner Faszination eingebüßt. Dabei ist von der punischen Epoche kaum noch etwas zu sehen. Die antiken Ruinen liegen weit verstreut und stammen meist aus der römischen Epoche.

17 km nordöstl. von Tunis

SEHENSWERTES

Byrsa

Den Rundgang durch Karthago beginnt man am besten auf dem Byrsa-Hügel an der ehemaligen Kathedrale mit herrlichem Blick über alle Ausgrabungen hinweg aufs Meer. Glanzpunkte sind die gewaltige Basilika und das nicht minder große Kapitol.

Römisches Theater

Das von Kaiser Antoninus Pius gebaute, überdachte Theater bot einst 5000 Zuschauern Platz. Es war mit prächtigen Statuen dekoriert.

Thermen des Antoninus Pius

Die aus dem 2. Jh. n. Chr. stammenden Thermen am Meer sind die beliebteste Besucherattraktion in Karthago. Von den reichen Bürgern der Stadt in Auftrag gegeben, sind sie Zeugnis des Wohlstands der Stadt. Im nahen Archäologischen Park sind die Ruinen aus römischer und byzantinischer Zeit sehenswert.
Eintritt Ausgrabungsstätten: 10 €

◉ Sidi Bou Saïd

1,1 Mio. Einwohner

Wenn man zu dem an einem Berghang gelegenen Städtchen hinaufwandert, taucht man in eine Welt aus 1001 Nacht ein, woran auch die vielen Touristenbusse nichts ändern können. Am besten weicht man in die Nebenstraßen aus und entdeckt die Schönheiten der weißen Häuser mit den hellblauen Farbtupfern der Erker, der Fenster und der nietenbeschlagenen Holztüren. Der deutsche Maler August Macke hat das **Café des Nattes** weltberühmt gemacht. Man stößt darauf, wenn man die Hauptstraße hinaufläuft. Von der Terrasse genießt man einen Traumblick über die Bucht von Tunis.
18 km nordöstl. von Tunis

»Shisha« und »Thé à la menthe«: Impressionen im Café des Nattes in Sidi Bou Saïd (▸ S. 105), das August Macke in seinem Gemälde »Maurisches Café« verewigte.

Marokko

Das maghrebinische Land betört mit einer Vielfalt an Farben, Licht und Düften. Hochgebirge, Wüste und Meer kontrastieren mit Gassengewirr und prachtvoller urbaner Architektur.

◄ Mosquée Hassan II (► MERIAN TopTen, S. 109): ein Gotteshaus der Superlative.

»Der Tag ist zum Sehen und die Nacht zum Hören da«, besagt ein altes marokkanisches Sprichwort. Tatsächlich gibt es in den quirligen Städten Marokkos einiges zu bestaunen: von den kunstvollen Berberteppichen über leuchtende Fliesen bis zur exotischen Tajine – die Marokkaner mögen es farbenfroh!

Tanger
715 000 Einwohner
Stadtplan ► S. 109

Golden schwingt sich der Sandstrand um die breite Baie de Tanger. Und die weiße Médina stuft sich labyrinthisch den Hang hinauf. Weit geöffnet präsentiert sich die Kapitale der Region Tanger–Tétouan, Marokkos fünftgrößte Stadt. Nur 30 km von Spanien entfernt, setzen täglich zahlreiche Besucher aus Südandalusien schnell mal über den Sund. Während der 33 Jahre ihres Sonderstatus (1923–1956) zog sie als Internationale Zone die Hochfinanz, Spione und Schmuggler ebenso wie Exzentriker, Künstler und Literaten in ihren Bann. Heute ist Tanger ein expandierender Industriestandort.

HAFEN
Der Hafen von Tanger liegt sehr zentral. Von hier zu Fuß in die Médina sind es lediglich 800 m.

SEHENSWERTES
Kasbah   ► S. 109, a/b 1
Am höchsten Punkt der Médina umschließt ein separater Mauergürtel die Kasbah mit dem mächtigen **Dar el-Makhzen**. Ein oktogonales, vielfarbig gefliestes Minarett über-

ragt die Palastmoschee. Im ismaïlischen Stil erbaut, diente der Gebäudekomplex im 18. und 19. Jh. als Paschapalast mit Gerichtshof und Gefängnis und beherbergt seit 1922 ein Museum. Auf der Terrasse hinter dem **Bab er-Raha** bietet sich ein schöner Blick auf den Wasserarm zwischen Europa und Afrika.

MUSEEN
Musée de la Kasbah   ► S. 109, a 1
Volkskunst und Altertümer birgt der Palast **Dar el-Makhzen**. Die zum Innenhof (Marmorsäulen mit Komposit-Kapitellen) hin geöffneten Stucksäle zeigen Knüpfteppiche, Berberschmuck, Töpferwaren, Holzschnitzereien und Kalligrafien. Im Obergeschoss sind vorislamische Funde, insbesondere Abgüsse der hellenistischen Bronzen aus Volubilis, zu sehen. In den Zedernholztruhen im **Bit el-Mal** verwahrte der Sultan einst seinen Schatz.
Rue de la Kasbah • Mi, Do, Sa–Mo 9–16, Fr 9–11.30 und 13.30–16 Uhr • Eintritt 10 MAD, Kinder 3 MAD

SPAZIERGANG
Stadtplan ► S. 109
An Sommerabenden spaziert »ganz Tanger« den **Boulevard Pasteur** auf und ab, das ist die älteste Straße Neu-Tangers, eingeweiht 1925. Noch heute ist der Boulevard die führende Geschäftsstraße. Hier liegt auch ein imposanter Aussichtspunkt: Kurz vor der Place Mohammed V grüßen die spanische Hafenstadt Tarifa und die Punta Marroqui, das Südkap Spaniens, herüber. Der kurze Boulevard-Bummel endet im Café de Paris von 1920, dem ältesten Kaffeehaus der Neustadt.
Dauer: 30 Min.

ESSEN UND TRINKEN
Bab Kasbah Chez Hassan
▶ S. 109, b 3

Uriges Straßenlokal • Rosmarinwasser, Fruchtsäfte und eine kleine Auswahl frischer Speisen bietet Hassan in seinem winzigen Lokal.
18 rue de la Kasbah • Tel. 06 13 76 92 93 • €

Café Hafa
▶ S. 109, nordwestl. a 1

Legendär • Eine Institution, versteckt am Steilhang. Paul Bowles, Truman Capote, William Burroughs tranken hier »Thé à la menthe«.
Rue Hafa • Tel. 05 39 39 38 38 • €

SERVICE
AUSKUNFT
Délégation du Tourisme ▶ S. 109, b 3
29 bd. Pasteur • Tel. 0 39 94 80 50 • www.tourisme.gov.ma/fr/delegati on-provinciale-tanger

📷 FotoTipp

BLAUWEISS TOTAL

Vom Turm im Garten der Kasbah bietet sich eine wunderbare Perspektive, um Chefchaouen und seine Stadtmauer vor der Kulisse des Rifgebirges zu fotografieren. ▶ S. 108

Ausflüge
◎ Chefchaouen
50 000 Einwohner
Die Hauptstadt der gleichnamigen Provinz ist gewiss das schönste Gebirgsstädtchen Marokkos. Die arabo-andalusische Architektur geht auf die Reconquista-Flüchtlinge aus Al-Andalus zurück, die sich im 15. Jh. hier ansiedelten. Die **Ismaïl-Kasbah** mit Ethnografischem Museum am Platz Outa el Hamam stammt aus dem 17. Jh., die **Große Moschee** mit achteckigem Minarett aus dem 15. Jh. Chefchaouen rühmt sich seines Wassers aus der **Quelle Ras el-Ma** sowie seiner Webstoffe.
113 km südöstl. von Tanger

◎ Tétouan
363 000 Einwohner
Die »Weiße Taube« im Prärif lockt viele Ausflügler an, zählt doch die Médina von Tétouan zu den sehenswertesten im Land, seit 1997 auch zum Weltkulturerbe. Die Stadt war von 1913 bis 1956 Verwaltungszentrum der spanischen Protektoratszone und Sitz des marokkanischen Kalifen. Aus dieser Zeit stammen die schönen Gebäudefassaden im hispano-maurischen Kolonialstil. Sehenswert sind das **Musée Archéologique** (2 rue Ben H'sain) und das **Musée Ethnographique** (Bab el-Oqla). Einen »guide« vermittelt die Délégation Provinciale (30 av. Mohammed, Tel. 05 39 96 19 15/16).
57 km südöstl. von Tanger

Casablanca
3 672 000 Einwohner
Stadtplan ▶ S. 111
Viele denken bei dem klangvollen Namen sofort an den Kultfilm »Casablanca«. Obgleich weltbekannt, zieht »Casa«, wie die Einheimischen ihr dynamisches Industrie-, Finanz- und Handelszentrum nennen, zumeist nur Geschäftsleute an. Das soll sich ändern. Casablanca will in den Rang der Touristikmetropolen von Weltklasse aufsteigen. Auf der Prachtavenue Royale wird gebaut, der Küstenstrich im Umkreis der Grande Mosquée Hassan II wird erweitert, eine Marina ist im Bau,

City und Médina werden saniert. Die einzige Stadt mit mehreren Mio. Einwohnern verfügt über die größte Universität Marokkos und den größten Handelshafen Nordafrikas.

HAFEN

Der riesige Hafen liegt im Norden der Stadt, etwa 2 km von der Médina entfernt. Man erreicht sie zu Fuß oder mit dem Taxi.

SEHENSWERTES

Aïn Diab　　　　▶ S. 111, westl. a 1

Das schicke Wohn- und Vergnügungsviertel erstreckt sich 7 km westlich vom Hafen mit seiner palmengesäumten Corniche entlang der Atlantikküste. Es gibt Strandbäder, Hotels, Terrassenrestaurants und -cafés, Nightclubs und Discos. Südlich davon liegt der populäre Sandstrand Sidi Abd er-Rahman.

10 Grande Mosquée Hassan II

▶ S. 111, a 1

Marokkos neues Wahrzeichen erstrahlt am Boulevard Sidi Mohammed Ben Abdallah, in Richtung Aïn Diab. Der Welt höchster Sakralbau, eingeweiht 1993, schließt außer der Freitagsmoschee für 100 000 Gläu-

bige eine **Medersa** (theologische Hochschule), Konferenzsäle, Fachbibliothek und eine Tiefgarage ein. Der Koranvers »Gottes Thron stand auf dem Wasser« inspirierte den Monarchen dazu, sein Kulturdenkmal in das Schelfmeer vorzurücken. Weithin sichtbar strebt das Vierkantminarett 200 m himmelwärts. An dem vom Pariser Architekten Michel Pinseau (1924–1999) konzipierten, einzigartigen Kultbau, einer Synthese von Hightech und maurischer Kunst, arbeiteten 35 000 Menschen sieben Jahre lang.
Führungen Sa–Do 9, 10, 11, 14, Fr 9, 10 und 14 Uhr • www.fmh2.ma • Eintritt 120 MAD, Kinder 30 MAD

MUSEEN

Musée Villa des Arts   ▸ S. 111, a 3
In der restaurierten Villa, die sich im Art-déco-Stil der Dreißigerjahre präsentiert, wird moderne Malerei marokkanischer Künstler gezeigt – die Werke umfassen die Zeitspanne von 1950 bis zur Gegenwart.
30 bd. Brahim Roudani • www.fondationona.ma • Di–So 9.30–19 Uhr • Eintritt frei

SPAZIERGANG

Stadtplan ▸ S. 111
An der neu gestalteten **Place des Nations Unies** mit dem zentralen Straßenbahnstopp gegenüber der Médina pulsiert das Herz Casablancas. Wir schlendern von hier den inzwischen autofreien **Boulevard Mohammed V** entlang, der gesäumt ist von Gebäuden im Art-déco-Mischstil. Am farbenfrohen, betriebsamen **Marché Central** biegt man links in die **Rue Chaouïa** ab und erreicht die **Avenue des Forces Armées Royales** (FAR), die man in

westlicher Richtung entlanggeht, bis erneut die Place des Nations Unies erreicht ist.
Danach geht es ein paar Minuten die lärmende **Avenue Hassan II** südwärts. Hier residieren in modernen Hochhäusern die führenden Geldinstitute. Dabei trifft man auf den schönsten Platz der Stadt, die **Place Mohammed V**, die von bemerkenswerten Gebäuden im maurischen Art-déco-Mischstil umgeben ist: links der Amtssitz des Wali der Wilaya mit einem 50 m hohen Uhrturm, rechts ein 1965 erbauter Hochstrahlbrunnen; im Hintergrund erhebt sich der Justizpalast.
Erholung vom hektischen City-Lärm und kulinarischen Genuss verspricht die marokkanische Küche des Restaurants Seven im Mövenpick Hotel Casablanca (Rond Point Hassan II, Tel. 0 22 48 80 00, €€€). Im 15. Stock fesselt der Panoramablick über Marokkos größte Stadt.
Dauer: 30 Min.

ESSEN UND TRINKEN

Café de la Sqala   ▸ S. 111, b 1
Hübscher Garten • 2002 wurde in der Sqala, einer Verteidigungsanlage aus dem Jahr 1769, ein romantisches Café-Restaurant eingerichtet, das marokkanische Gerichte serviert.
Bd. des Almohades, gegenüber dem Port de Pêche, Médina • Tel. 05 22 26 09 60 • Mo 12–15 und 19–23, Mi–So 8–23 Uhr • €€

Rick's Cafe   ▸ S. 111, b 1
Nostalgisch • Stimmungsvolle Pianobar mit Restaurant, die dem gleichnamigen Café im Film »Casablanca« nachempfunden ist.
248 bd. Sour Jedid • Tel. 05 22 27 42 07 • tgl. 12–15 und 18.30–0.30 Uhr

EINKAUFEN   ▶ S. 111, b/c 2 und a 3

Shoppingmeilen sind der **Boulevard Mohammed V** und die **Avenue Prince Moulay Abdallah**. Am **Boulevard F. H. Boigny** locken Souvenirläden. Im Quartier Maârif mit dem angesagten Twin Center verführen Label-Boutiquen zum Kauf.

SERVICE
AUSKUNFT
Syndicat d'Initiative   ▶ S. 111, b 2
Boulevard Mohammed V • Tel. 05 22 22 15 24 • www.visitcasablanca.ma

Ausflug
◎ Rabat
601 000 Einwohner
Als Hauptresidenz des Königs, Sitz des Parlaments, der Botschaften und ausländischen Kulturinstitute, der Académie Royale, der Universität Mohammed V und weiterer Hochschulen herrscht tagsüber ein reges Treiben im Zentrum der Stadt.
90 km nordöstl. von Casablanca

SEHENSWERTES
Mausolée Mohammed V
Ene der bedeutendsten Grabmoschee-Anlagen des islamischen Kulturkreises ist das 1971 nach Plänen des vietnamesischen Architekten Vo Toan errichtete Mausoleum. Von der Innengalerie bietet sich ein fantastischer Blick auf die Sarkophage der Könige Mohammed V., Hassan II. und des Prinzen Moulay Abdallah.
Im Ostteil der Neustadt • tgl. 9 Uhr bis Sonnenuntergang • Eintritt frei

Gibraltar

Die britische Kronkolonie vor den Toren Nordafrikas, in der Antike als eine der Säulen des Herakles bezeichnet, ist der ewige Zankapfel zwischen Spaniern und Engländern.

◄ Der Felsen von Gibraltar (► S. 113) – 426 m hoch über dem Mittelmeer.

GIBRALTAR

29 500 Einwohner

In Gibraltar fühlt man sich ins England der 1960er-Jahre versetzt. Die britische Enklave liegt auf einem Felsen in der Bucht von Algeciras. Der Name Gibraltar geht auf Djebel al-Tarik (Felsen des Tarik) zurück, was daran erinnert, dass hier im Jahre 711 die Mauren aus Nordafrika kommend an Land gingen. Ihr Führer war Tarik ibn Zeyad. Die Herrschaft der Moslems endete erst 1462. Von der Maurischen Burg (oberhalb vom Casemates Square) ist nur der Turm von 1333 erhalten. Catalan Bay, der Strand von Gibraltar mit einer Fischersiedlung, liegt auf der Ostseite des Felsens. Gibraltar ist der einzige Ort in Europa, an dem es frei lebende Affen gibt.

HAFEN

Vom Kreuzfahrtterminal sind es gut 15 Min. Fußweg ins Zentrum. Der Shuttlebus kostet ab dem Port Office 3 €, ein Taxi 8 €.

SEHENSWERTES

Alameda Botanical Gardens

Die Gärten wurden Anfang des 19. Jh. vom Gouverneur Gibraltars angelegt. Die Büste des Herzogs von Wellington wurde 1820 aufgestellt. Eine weitere Skulptur erinnert an Molly Bloom aus James Joyce' »Ulysses« (1922), die laut Roman in Gibraltar gebürtig war. In der Anlage wachsen u. a. die sonst auf den Kanaren beheimateten Drachenbäume.
Red Sands Road • www.gibraltar gardens.gi • tgl. 10–17 Uhr • Eintritt 6 £

Nelson's Anchorage

Hier wurde Nelsons Leiche nach der Seeschlacht bei Trafalgar (einem Kap südöstlich von Cádiz) am 21. Oktober 1805 von der »HMS Victory« an Land gebracht, angeblich in einem Fass Rum. Der Sieg sicherte die Seeherrschaft Großbritanniens für das folgende Jahrhundert. Eine Kanone dient dieser Erinnerung.
Rosia Road • tgl. 9.30–18.45 Uhr • Eintritt 3 £

St. Michael's Cave

In dieser Tropfsteinhöhle war während des Zweiten Weltkriegs ein Militärkrankenhaus geplant. Heute werden mitunter Konzerte für bis zu 400 Personen veranstaltet.
Cave Branch Road • tgl. 9–18.15 Uhr • Kombiticket mit Nature Reserve

Upper Rock Nature Reserve

Hier leben die einzigen wilden Affen Europas (niedliche, aber freche schwanzlose Makaken). Die größten Aussichten, auf sie zu stoßen, hat man bei der Affenhöhle (Apes' Den) beim Haltepunkt der Seilbahn auf halber Höhe (Zwischenstopp im Preis eingeschlossen). Es gilt, Sonnenhüte, Handtaschen, Kameras und Handys gut festzuhalten, für die die Affen eine Vorliebe besitzen. Vom Gipfel des sogenannten Affenfelsens kann man bei klarem Wetter bis zum Atlasgebirge blicken. Der Aufstieg zu Fuß über die Mediterranean Steps (nur für Schwindelfreie!) nimmt etwa 2 Std. in Anspruch.
www.gibraltarinfo.gi/en/nature-reserve • tgl. 9.30–19 Uhr • Seilbahn 9.30–19.15 Uhr • Kombiticket 25,50 £ Kinder 16 £, bei schlechtem Wetter oder starkem Wind wird der Betrieb eingestellt

MUSEEN
Gibraltar Museum
Das Museum befindet sich in einem Gebäude über einem Badehaus aus maurischer Zeit (14. Jh.). Die Ausstellung widmet sich der Geschichte Gibraltars und seinen Bewohnern.
Bomb House Lane 18/20 • www.gibmuseum.gi • Mo–Fr 10–18, Sa 10–14 Uhr • Eintritt 5 £, Kinder 2,50 £

SPAZIERGANG
Vom Cruise Ship Terminal führt die Waterport Wharf Road über den Kreisverkehr zum Grand Casemates Square. In den Kasernen am Platz lebten früher marokkanische Arbeiter, heute beherbergen sie ein modernes Einkaufszentrum. Am Grand Casemates Square beginnt die **Main Street**, die Fußgängerzone, mit allen Läden, die man von einer britischen Einkaufsmeile erwarten kann. Linker Hand am Cathedral Square steht die **Cathedral of St. Mary the Crowned**. Die katholische Kirche wurde nach der Belagerung 1787 neu errichtet. Ebenfalls links zweigt die Library Street zur 1804 errichteten **Garnisonsbibliothek** (Garrison Library) ab. Wiederum links an der Main Street liegt das Gebäude des Supreme Court (Oberstes Gericht) von 1820. Rechter Hand befindet sich die **King's Chapel**, die ursprünglich zu einem Franziskanerkloster aus dem 16. Jh. gehörte. In dem Klostergebäude (»Convent«) residiert seit 1728 der Gouverneur von Gibraltar. Die Säulenvorhalle des Gebäudes stammt von 1864. Gegenüber des Convent liegt das mit zwei Kanonen bewehrte Haus der Wache. Durch das Southport Gate verlässt man die Altstadt. Linker Hand liegt der **Trafalgar Cemetery**.

Hier sind die britischen Seeleute begraben, die 1805 in der Schlacht von Trafalgar den Tod fanden. Auf der rechten Seite der Europa Road befinden sich, eine Oase der Ruhe nach der geschäftigen Einkaufsstraße, die **Alameda Botanical Gardens**, in denen man verschnaufen kann, bevor man sich entweder zu Fuß oder mit der Seilbahn auf den 426 m hohen Gibraltar Rock begibt.
Dauer: ca. 1,5 Std.

ESSEN UND TRINKEN
Rendezvous Chargrill
Mit tollem Ausblick • Ein Steakhaus/Grillrestaurant, das auch Meeresfrüchte und Barbecues auftischt.
Unit 14 Queensway Quay • Tel. 20 06 64 20 • Mo–So 11–24 Uhr • €€

Sacarello's
Ältestes Kaffeehaus • Sacarello's ist bekannt für seine »cream teas« und seine vegetarischen Gerichte.
www.sacarellosgibraltar.com • Mo–Fr 8.30–19.30, Sa 9–15 Uhr • €€

EINKAUFEN
Die Läden sind in der Regel von Montag bis Freitag zwischen 9 und 19.30 geöffnet, samstags bis 13 Uhr.

Marks & Spencer
Das britische Warenhaus gibt es auch in Gibraltar. Falls Sie das dringende Bedürfnis verspüren sollten, Wedgwood Porzellan zu kaufen.
215 b Main Street

SERVICE
AUSKUNFT
Gibraltar Tourist Board
Duke of Kent House, Cathedral Square • Tel. 20 07 49 50 • www.visitgibraltar.gi

DIE SCHÖNSTEN REISEZIELE WELTWEIT

**Jetzt in jedem guten Buch-
und Zeitschriftenhandel**

MERIAN
Die Lust am Reisen

Dem Kapitän eines Kreuzfahrtschiffs obliegt die Verantwortung für den Bord- und Brückenbetrieb. Vertreten wird er vom Ersten Offizier.

Wissenswertes über
das westliche Mittelmeer

Nützliche Informationen für eine gelungene Kreuzfahrt: Sprach-
führer, länderspezifisches kulinarisches Vokabular, Adressen sowie
Reisepraktisches von A bis Z.

Sprachführer

Spanisch

AUSSPRACHE

c   vor dunklen Vokalen wie k
    (como), vor hellen Vokalen wie
    engl. th (gracias)
ch wie tsch (ocho)
h   wird nicht gesprochen
j   wie ch (jueves)
ll wie j (calle)
ñ   wie nj (mañana)
qu wie k (quisiera)
s   wie ss (casa)
y   wie j (hoy)
z   wie engl. th (diez)

WICHTIGE WÖRTER UND AUSDRÜCKE

ja – sí
nein – no
danke – gracias
Wie bitte? – ¿cómo?
Ich verstehe nicht – No entiendo
Entschuldigung – perdón
Guten Morgen – buenos días
Guten Tag – buenas tardes
Guten Abend – buenas noches
Ich heiße … – Me llamo …
Wie geht's? – ¿Qué tal?
Danke, gut. – Bien, gracias.
wer, was, welcher – quien, que, cual
wann – cuando
Sprechen Sie Deutsch/Englisch? –
    ¿Habla alemán/inglés?
heute – hoy
morgen – mañana
gestern – ayer

ZAHLEN

eins – uno
zwei – dos
drei – tres
vier – cuatro
fünf – cinco
sechs – seis
sieben – siete
acht – ocho
neun – nueve
zehn – diez
einhundert – cien
eintausend – mil

WOCHENTAGE

Montag – lunes
Dienstag – martes
Mittwoch – miércoles
Donnerstag – jueves
Freitag – viernes
Samstag – sábado
Sonntag – domingo

UNTERWEGS

rechts – a la derecha
links – a la izquierda
geradeaus – recto
Wie kommt man nach …? –
    ¿Por dónde se va a …?
Wo finde ich … – ¿Dónde en-
    cuentro …
– einen Arzt? – un medico?
– eine Apotheke? – una farmacia?
– die nächste Bank? – el próximo
    banco?
Eine Fahrkarte nach … bitte! –
    ¡Quisiera un pasaje a …,
    por favor!

ESSEN UND TRINKEN

Die Speisekarte bitte! – El menu,
    ¡por favor! [el menu por fabor]
Die Rechnung bitte! – La cuenta,
    ¡por favor!
Ich hätte gern … – Quisiera …,
    ¡por favor!

EINKAUFEN

Haben Sie …? – ¿Hay …?
Wie viel kostet …? – ¿Cuánto
    vale …?

Französisch

AUSSPRACHE

ê   klingt wie ein kurzes ä
u   wie ein ü
eau/au   wie ein oh
ç   wie ein s
j   ist ein stimmhaftes sch
h   wird nicht ausgesprochen

WICHTIGE WÖRTER UND AUSDRÜCKE

ja – oui
nein – non
danke – merci
Wie bitte? – comment
Ich verstehe nicht – je ne com-
   prends pas
Entschuldigung – pardon/excusez-
   moi
Guten Morgen/Tag – bonjour
Guten Abend – bonsoir
Auf Wiedersehen – au revoir
Ich heiße … – je m'appelle
Ich komme aus … – je suis de
Wie geht's? – comment allez-vous/
   vas-tu
Danke, gut. – bien, merci.
wer, was, welcher – qui, quoi,
   lequel
wann – quand
wie viel – combien
wie lange – combien de temps
Sprechen Sie Deutsch/Englisch? –
   parlez-vous allemand/anglais
heute – aujourd'hui
morgen – demain
gestern – hier

ZAHLEN

eins – un, une
zwei – deux
drei – trois
vier – quatre
fünf – cinq
sechs – six
sieben – sept
acht – huit
neun – neuf
zehn – dix
einhundert – cent

WOCHENTAGE

Montag – lundi
Dienstag – mardi
Mittwoch – mercredi
Donnerstag – jeudi
Freitag – vendredi
Samstag – samedi
Sonntag – dimanche

UNTERWEGS

rechts – à droite
links – à gauche
geradeaus – tout droit
Wie kommt man nach …? – pou-
   vez-vous m'indiquer le chemin
   pour aller à …
Wo ist … – où se trouve
– die Touristeninformation?
   – l'office de tourisme?
Wo finde ich … – où est-ce que
   je trouve
einen Arzt? – un médecin?
eine Apotheke? – une pharmacie?
Eine Fahrkarte nach … bitte!
   – un ticket pour … s'il vous
   plaît!

ESSEN UND TRINKEN

Die Speisekarte bitte! – la carte
   s'il vous plaît!
Die Rechnung bitte! – l'addition
   s'il vous plaît!
Ich hätte gern … – Je voudrais
   prendre …

EINKAUFEN

Wo gibt es …? – où se trouve …?
Haben Sie …? – avez-vous …?
Wie viel kostet …? – combien
   ça coûte?
Das ist zu teuer – c'est trop cher

Italienisch
WICHTIGE WÖRTER UND AUSDRÜCKE

ja – sì

nein – no

danke – grazie

bitte – per favore

Wie bitte? – prego, come?

Ich verstehe nicht – non capisco

Entschuldigung – scusa, scusi

Guten Morgen/Guten Tag – buon giorno

Guten Abend – buona sera

Auf Wiedersehen – arrivederci

Ich heiße … – mi chiamo …

Ich komme aus … – (io) vengo da …

Wie geht's? – Come va?

Danke, gut. – Bene, grazie.

wer, was, welcher – chi, (che) cosa, quale

wann – quando

wie lange – per quanto tempo

Sprechen Sie Deutsch/Englisch? – Lei parla il tedesco/l'inglese?

heute – oggi

morgen – domani

gestern – ieri

ZAHLEN

eins – uno

zwei – due

drei – tre

vier – quattro

fünf – cinque

sechs – sei

sieben – sette

acht – otto

neun – nove

zehn – dieci

einhundert – cento

eintausend – mille

WOCHENTAGE

Montag – lunedì

Dienstag – martedì

Mittwoch – mercoledì

Donnerstag – giovedì

Freitag – venerdì

Samstag – sabato

Sonntag – domenica

UNTERWEGS

rechts – destra

links – sinistra

geradeaus – diritto

Wie kommt man nach …? – Come si arriva a …?

Wo ist … – Dove è …

– der Bahnhof? – la stazione?

– die nächste Bank? – la banca più vicina?

Wo finde ich … – Dove trovo …

– einen Arzt? – un medico?

– eine Apotheke? – una farmacia?

– die Touristeninformation? – l'informazione turistica?

Eine Fahrkarte nach … bitte! – Per favore, un biglietto per …!

ESSEN UND TRINKEN

Die Speisekarte bitte! – Il menu, per favore!

Die Rechnung bitte! – Il conto, per favore!

Ich hätte gern … – Vorrei …

Wo finde ich die Toiletten? – Dove trovo i gabinetti?

Kellner/-in – cameriere

Mittagessen – pranzo

Abendessen – cena

EINKAUFEN

Wo gibt es …? – Dove è …?

Wie viel kostet …? – Quanto costa …?

Das ist zu teuer – Costa troppo

Das gefällt mir/ – Questo mi piace/

– gefällt mir nicht. – Non mi piace.

Ich nehme es. – lo prendo.

geöffnet – aperto

geschlossen – chiuso

Englisch
WICHTIGE WÖRTER UND AUSDRÜCKE

ja – yes
nein – no
bitte – please
danke – Thank you
Wie bitte? – Pardon?
Ich verstehe nicht – I don't understand
Entschuldigung – Sorry/I beg your pardon/excuse me
Guten Morgen – Good morning
Guten Tag – How do you do
Guten Abend – Good evening
Auf Wiedersehen – Good bye
Ich heiße … – My name is …
Ich komme aus … – I come from …
Wie geht's? – How are you?
Danke, gut – Fine, thanks
wer, was, welcher – who, what, which
wann – when
wie lange – how long
Sprechen Sie Deutsch? – Do you speak German?
heute – today
morgen – tomorrow

ZAHLEN

eins – one
zwei – two
drei – three
vier – four
fünf – five
sechs – six
sieben – seven
acht – eight
neun – nine
zehn – ten
einhundert – one hundred

WOCHENTAGE

Montag – Monday
Dienstag – Tuesday
Mittwoch – Wednesday
Donnerstag – Thursday
Freitag – Friday
Samstag – Saturday
Sonntag – Sunday

UNTERWEGS

rechts – right
links – left
geradeaus – straight ahead
Wie weit ist es? – How far is it to …?
Wo ist … – Where is …
– die nächste Bus-Station – the nearest bus terminal
– die Bank – the bank
Wo finde ich einen Arzt/eine Apotheke? – Where do I find a doctor/a pharmacy?
Eine Fahrkarte nach … bitte – A ticket to … please

ESSEN UND TRINKEN

Die Speisekarte bitte – Could I see the menu, please?
Die Rechnung bitte – Could I have the bill, please?
Wo finde ich die Toiletten? – Where are the washrooms?
Kellner – waiter
Frühstück – breakfast
Mittagessen – lunch
Abendessen – dinner

EINKAUFEN

Haben Sie …? – Do you have …?
Wie viel kostet das? – How much is this?
Das ist zu teuer – That's too much
Danke, das ist alles – Thank you, that's it
geöffnet/geschlossen – open/closed
Bäckerei – bakery
Kaufhaus – department store
Lebensmittelgeschäft – supermarket/grocery shop

Kulinarisches Lexikon

A/B

aceitunas – Oliven
ajo – Knoblauch
a la espalda – Fisch gebraten oder
    vom Grill
a la parilla – vom Holzkohlegrill
a la sal – Fisch/Fleisch in Salzkruste
albóndigas – Fleischbällchen
alcachofas – Artischocken
almejas – Herzmuscheln
anchoas – Anchovis, Sardellen
arroz – Reis
atún – Thunfisch
bacalao – Stockfisch, Klippfisch
berenjenas – Auberginen
besugo – Graubarsch
bistec – Beefsteak

C

café con leche – Kaffee mit viel
    Milch
– cortado – Kaffee mit wenig Milch
– solo – Espresso
calabacín – Zucchini
caldo – Suppe/Brühe
caracoles – Schnecken
carne – Fleisch
cerdo – Schweinefleisch
cerveza – Bier
chorizo – pikante Wurst
chuleta – Kotelett
churros – frittierter Spritzteig
    (dünn)
conejo – Kaninchen
cordero – Lamm

D/E/F

dorada – Goldbrasse
dulces – Süßigkeiten
embutido – Wurst
ensaïmada – Hefeteigschnecke
ensalada – Salat
escalopa – Schnitzel
flan – Karamellcreme

G/H/J

gambas – Garnelen
gazpacho – kalte Gemüsesuppe
gigote – Hackbraten
guisado – Gulasch, Schmorfleisch
hígado – Leber
huevo – Ei
jamón dulce – gekochter Schinken
– ibérico – luftgetrockneter Schin-
    ken vom iberischen Schwein
– serrano – luftgetrockneter
    Schinken

L/M

lenguado – Seezunge
mariscos – Meeresfrüchte
mejillones – Miesmuscheln
merluza – Seehecht

P/Q/R

paella – Reispfanne
pan – Brot
pasteles – Kuchen
pato – Ente
pechuga – (Geflügel-)Brust
pepino – Gurke
pescado – Fisch
pimiento – Paprikaschote
pincho – Stück (Tortilla etc.)
pollo – Hähnchen, Huhn
porras – frittierter Spritzteig (dick)
pulpo – Tintenfisch
queso – Käse
– blanco – Schafs-, Ziegenkäse
– fresco – Frischkäse
riñones – Nieren

S/T

salchichas – Würstchen
sandía – Wassermelone
solomillo – Filetsteak
ternera – Kalb
tortilla francesa – Omelett
– española – Kartoffelomelett

Französisch

A/B

agneau – Lamm
aiguillettes – schmale Fleischstreifen, oft vom Geflügel
bœuf – Ochse, Rind
brochet – Hecht
brochette – kleiner Bratspieß

C

canard – Ente
carpe – Karpfen
carré – Rippenstück
cassoulet – Eintopf mit weißen Bohnen
cerf – Hirsch
cervelas – Brühwurst aus Schweine- und/oder Rindfleisch
chausson – Blätterteigtörtchen
chou blanc – Weißkohl
choucroute – Sauerkraut
coq – Hahn
coquillages – Muscheln
côte – Rippenstück
courgettes – Zucchini
crevettes – Garnelen
cru – roh (Schinken)
crudités – Rohkostsalate
crustacés – Krustentiere

D/E

daube – Schmortopf
dinde – Pute
dindon – Truthahn
éclair – Brandteiggebäck
endives – Chicorée
entrecôte – Lendenstück
épinards – Spinat
escalope – Schnitzel
escargots – Schnecken

F/G

faisan – Fasan
flageolets – junge weiße Bohnen
foie – Leber
fromage (blanc) – Käse (Quark)

gâteau – Kuchen
gibier – Wild
grenouille – Frosch

H/I

haricots – Bohnen
homard – Hummer
huîtres – Austern
infusion de camomille – Kamillentee
– de menthe – Pfefferminztee

L/M

lait – Milch
langouste – Languste
lapin – Kaninchen
légumes – Beilagen, Gemüse
lièvre – Hase
lotte – Seeteufel
maquereau – Makrele
morue – Kabeljau
moules – Miesmuscheln
mouton – Hammel

O/P

oie – Gans
pâté – Pastete
petits pois – Erbsen
poisson – Fisch
porc – Schweinefleisch
poulet – Hühnchen

Q/R

quenelles – Klößchen aus Fleisch
riz – Reis
rognons – Nieren

S/T/V

sandre – Zander
sanglier – Wildschwein
saumon – Lachs
sole – Seezunge
thon – Thunfisch
tournedos – Rindsfilet
tripes – Kutteln, Kaldaunen
veau – Kalb

Italienisch

A/B

aglio – Knoblauch

agnolotti – eine Art Ravioli

asparago – Spargel

baccalà – Stockfisch

bistecca – Steak

branzino – Seebarsch

brasato – Schmorbraten, geschmort

brodo – Bouillon

C

cacciucco – pikante Fischsuppe

cannolo – Teigröllchen gefüllt mit Käse (süß), oft mit Nougat und kandierten Früchten

cape sante – Jakobsmuscheln

capretto – Zicklein

carciofi – Artischocken

cece – Kichererbse

cefali – Meeräschen

cinghiale – Wildschwein

cipolla – Zwiebel

coda di rospo – Seeteufel

codeghin – Schweinswurst

coniglio – Kaninchen

costata – Entrecôte

cozze – Muscheln

D/F

dentice – Zahnbrasse

fagiolata – Bohnengericht

fegato – Leber

fettuccine – flache Bandnudeln

finocchio – Fenchel

focaccia – Brot mit Olivenöl, oft belegt mit Zwiebeln oder Tomaten

frittata – Omelett

fritto – frittiert

G/I

gallina – Henne

gambero – Krebs

insalata – Salat

L/M

lenticchie – Linsen

lepre – Hase

linguine – schmale Bandnudeln

macedonia di frutta – Obstsalat

maiale – Schwein

manzo – Rindfleisch

melanzana – Aubergine

merluzzo – Kabeljau

minestrone – dicke Gemüsesuppe

O/P

olio – Öl

alla paesana – mit Speck, Kartoffeln, Karotten und anderen Wurzelgemüsen

pancetta – Bauchspeck

pappardelle – lange, breite Nudeln

pasta e fagioli – Nudeln mit Bohnensuppe

patate – Kartoffeln

pesce – Fisch

pollo – Huhn

polpo – Krake

pomodoro – Tomate

porcini – Steinpilze

profiterole – kleine gefüllte Windbeutel

R/S/T

ricotta – weicher Schafmilchkäse

salsiccia – würzige Schweinswurst

saltimbocca – Kalbfleisch mit Schinken, Salbei und Weinsauce

seppie – Tintenfische

scaloppa – Schnitzel

sogliola – Seezunge

stoccafino – Stockfisch

tartufo – Trüffel

tonnato – in Thunfischsauce

tramezzino – weiches Sandwich

V

verdura – grünes Gemüse

vitello – Kalbfleisch

vongole – Venusmuscheln

Tunesisch

A/B/C

agneau – Lamm
ail – Knoblauch
amandes – Mandeln
artichauts – Artischocken
betteraves rouges – Rote Bete
bisque – Krebssuppe
blanc de poulet – Hühnerbrust
bœuf – Rindfleisch
bœuf à la mode – Schmorbraten
brik – Teigtasche
brochette – Fleischspieß
brouillade – Rühreier
calmar – Calamari
canard – Ente
chou – Kohl
choufleur – Blumenkohl
clovisses – Venusmuscheln
concombre – Gurke
coq – Hahn
couscous – tunesisches National-
    gericht aus Grieß, Fleisch und
    Gemüse
crevettes – Garnelen
crevisse – Krebs

D/E/F

dattes – Datteln
dinde – Pute
dorade – Goldbrasse
épinard – Spinat
escalope – Schnitzel
escargot – Schnecke
espardon – Schwertfisch
fenouil – Fenchel
fletan – Heilbutt
foie – Leber
friture – gebratene Fische
fromage – Käse
fruits – Früchte

G/H

gâteau – Kuchen
gibier – Wild
gigot d'agneau – Lammragout

grillade – Rostbraten
hachis – Hackbraten
haricots – Bohnen
harissa – Chilisauce
herbes – Kräuter
homard – Hummer
hors d'œuvre – Vorspeisen

L/M/N

lait – Milch
langoustines – kleine Langusten
légume – Gemüse
loup de mer – Wolfsbarsch
maquereaux – Makrelen
menthe – Minze
merguez – Würstchen
mérou – Zackenbarsch
miel – Honig
moules – Miesmuscheln
mouton – Hammel
mulet – Meeräsche
nouilles – Nudeln

P/Q/R

pageot – Rotbrasse
pain – Brot
pâte – Teigwaren
paupiettes de veau – Kalbsroulade
pignols – Pinienkerne
pistaches – Pistazienkerne
poisson – Fisch
poulet – Hühnchen
poulet rôti – Brathühnchen
poulpe – Krake
quenelles – Fleischklößchen
riz – Reis
rognons – Nieren
rôti – Braten

S/T/V

sanglier – Wildschwein
seiche – Tintenfisch
sole – Seezunge
terrine – Fleischpastete
thon – Thunfisch
veau – Kalb

Marokkanisch

A/B

agneau – Lamm

bisque – Krebssuppe

brik – Teigtasche

briouates (süß) – in Öl frittierte und in Honig getränkte Blätterteigtaschen mit Mandelfüllung

briouates (salzig) – frittierte Blätterteigtaschen, gefüllt mit Hackfleisch, Hirn oder Reis u. a.

brochettes – Fleischstückchen am Spieß

brochettes de kefta – gegrillte Hackfleischspießchen

C

coquelet – Hähnchen

coquillages – Muscheln

crustacés – Krustentiere

cumin – Kreuzkümmel

D/E/F

daurade – Meerbrasse

dinde – Pute

écrevisses – Krebse

espadon – Schwertfisch

foie m'chermel – frittierte Kalbsleber, gewürzt mit Paprika, Kreuzkümmel, Koriander

G/H

gigot – Hammelkeule

griouch – in Öl frittiertes und in Honig getränktes Sesamgebäck

harissa – Chilisauce

K/L

kaab el-ghazal – Mandelgebäck in Form von Gazellenhörnern, oft in Puderzucker gewälzt

kabab – Grillspieß aus Rinderfilet oder Lammfleisch

k'dra – gelbe Sauce auf der Basis von Zwiebeln, Butter, Pfeffer und Safran

kefta aux œufs – Hackfleischbällchen in Buttersauce, gewürzt mit Kreuzkümmel, Paprika, Koriander, garniert mit Spiegeleiern

kefta m'chermla – Hackfleischbällchen in Zwiebelsauce

lapin – Kaninchen

lotte de mer – Seeteufel

M

maquereaux – Makrelen

m'chermel – rote Sauce, ein Gemisch aus drei verschiedenen Saucen

m'hammar – rote Sauce auf der Basis von Butter, süßem Paprika und Kreuzkümmel

moules – Miesmuscheln

mouton – Hammel, Schaf

m'qualli – gelbe Sauce auf der Basis von Öl, Ingwer und Safran

O/P/R

pain – Brot

– marocain – Weizen- oder Gerstenbrot

– noir – Schwarzbrot

poivrons verts – grüne Pfefferschoten

pommes – Äpfel

– de terre – Kartoffeln

porc – Schwein

poulet – Hühnchen

poulpe – Krake

riz – Reis

S/T/V

seiche – Tintenfisch

tajine de viande aux coings et au miel – Quittentajine mit Honig, Zimt, Safran, Pfeffer

– de viande à la courge (m'qualli) – Kürbistajine

– de viande tfaïa – Festtagstajine vom Lamm oder Kalb

veau – Kalb

Englisch

A/B

asparagus – Spargel
baked – gebacken
beans – Bohnen
beef – Rindfleisch
bitter – dunkles Bier
boiled – gekocht, gesotten
brownie – Schokoladenkuchen
bun – süßes Brötchen

C/D/E

cabbage – Kohl
calves liver – Kalbsleber
cauliflower – Blumenkohl
chicken – Huhn, Hühnerfleisch
chop – Kotelett
cod – Kabeljau
cutlet – Kotelett
duck – Ente
dumplings – Klöße
egg – Ei
– boiled egg – gekochtes Ei
– fried egg – Spiegelei
– scrambled egg – Rührei
escalope – Schnitzel

F/G/H

fish 'n' chips – Fisch mit Pommes
french beans – grüne Bohnen
game – Wild
grilled – gegrillt
haddock – Schellfisch
ham – gekochter Schinken

K

kidney – Niere

L/M/O

lager – helles Bier
lamb – Lamm, Schaffleisch
leek – Lauch, Porree
lentils – Linsen
lettuce – (Kopf-)Salat
liver – Leber
lobster – Hummer

loin – Lendenstück
mackerel – Makrele
mashed potato – Kartoffelbrei
minced meat – Hackfleisch
mushroom – Pilz
mussel – Muschel
mustard – Senf
oysters – Austern

P/R/S

parsley – Petersilie
peppers – Paprika (Gemüse)
pie – Pastete
pork – Schweinefleisch
porridge – Haferbrei
poultry – Geflügel
prawn – Garnele
pumpkin – Kürbis
raspberries – Himbeeren
raw – roh
rib – Rippe
roast – Braten
roll – Brötchen
salmon – Lachs
scallop – Kammmuschel
scones – (weiches) Teegebäck
seafood – Meeresfrüchte
shrimps – Krabben
sirloin – Lendenstück vom Rind
smoked – geräuchert
sole – Seezunge
spicy – gewürzt, pikant
steamed – gedämpft
stewed – geschmort
stout beer – dunkles Starkbier
stuffed – gefüllt

T/V/W

trifle – süßer Auflauf mit Früchten
trout – Forelle
tuna – Thunfisch
turkey – Truthahn
veal – Kalbfleisch
vegetable – Gemüse
venison – Wild, Reh
well-done – durchgebraten

Reisepraktisches von A–Z

ANREISE

MIT DEM ZUG
Die Mittelmeerhäfen sind von Deutschland, Österreich und der Schweiz aus mit der Bahn zu erreichen (www.bahn.de, www.oebb.at, www.sbb.ch). Meist stellen die Reedereien Shuttlebusse vom Hafen zum Bahnhof bereit.

MIT DEM PKW
Für Passagiere, die mit dem Wagen anreisen, gibt es an den Häfen Parkhäuser. Der Platz im Parkhaus wird bereits bei der Buchung reserviert. In Italien halten Autofahrer nach Schildern mit der Aufschrift »Porto« (Hafen) oder »Terminal Crociere« (Kreuzfahrtterminal) Ausschau.

MIT DEM BUS
Zu vielen Kreuzfahrthäfen gibt es aus Deutschland, Österreich und der Schweiz einen Bustransfer.

MIT DEM FLUGZEUG
Am bequemsten ist die Anreise mit dem Flugzeug. Häufig lässt sich zur Kreuzfahrt ein Flug zu Sonderkonditionen buchen.

Auf www.atmosfair.de und www.myclimate.org kann jeder Reisende durch eine Spende für Klimaschutzprojekte für die CO_2-Emission seines Fluges aufkommen.

AUSKUNFT

FRANKREICH
Atout France
– Zeppelinallee 37, 60325 Frankfurt/Main • info.de@rendezvousenfrance.com • de.france.fr
– at.france.fr
– ch.france.fr

ITALIEN
Italienische Zentrale für Tourismus ENIT
– Barckhausstr. 10, 60325 Frankfurt • Tel. 0 69/23 74 34 • www.enit.de
– Mariahilferstr. 16, 1060 Wien • Tel. 01/5 05 16 39 • www.enit.at
– Uraniastr. 32, 8001 Zürich • Tel. 0 43/4 66 40 40 • www.enit.ch

MALTA
Fremdenverkehrsamt von Malta
– Schillerstr. 30–40, 60313 Frankfurt/Main • Tel. 0 69/28 58 90 • www.visitmalta.com

MAROKKO
Marokkanisches Fremdenverkehrsamt
– Graf-Adolf-Str. 59, 40210 Düsseldorf • Tel. 02 11/37 05 51 • www.visitmorocco.com
– Kärntnerring 17/2/23, 1010 Wien • Tel. 01/5 12 53 26 • marokkotourismus@aon.at
– Schifflände 5, 8001 Zürich • Tel. 04/42 52 77 52 • info@marokko.ch

MONACO
Monaco Tourismus und Kongressbüro
c/o Kaus Media Services, Luisenstr. 4, 30159 Hannover • Tel. 05 11/89 98 90 41 • www.visitmonaco.com

SPANIEN
Turespaña
– Lichtensteinallee 1, 10787 Berlin • Tel. 0 30/8 82 65 43 • www.spain.info/de
– Walfischgasse 8, 1010 Wien • Tel. 01/5 12 95 80-11 • www.spain.info/at
– Seefeldstr. 19, 8008 Zürich • Tel. 0 44/2 53 60 50 • www.spain.info/ch

TUNESIEN
Fremdenverkehrsamt Tunesien
www.tunesien.info
– Bockenheimer Anlage 2, 60322
Frankfurt • Tel. 0 69/1 33 83 50
– Opernring 1/R/109, 1010 Wien •
Tel. 01/5 85 34 80
– Bahnhofstr. 69, 8001 Zürich •
Tel. 0 44/2 11 48 30

BORDWÄHRUNG
Die Bordwährung auf Mittelmeer-Kreuzfahrtschiffen ist der Euro (ausgenommen NCL = US-Dollar).

BUCHTIPPS
Elena Ferrante: Meine Geniale Freundin (Suhrkamp Verlag, 2016, übersetzt von Karin Krieger) Die vierbändige neapolitanische Saga, die in den 1950er-Jahren spielt, macht auf aller Welt Furore.

Homer: Odyssee Das Buch, das bei keiner Mittelmeer-Kreuzfahrt im Gepäck fehlen darf, beschreibt die zehnjährige Irrfahrt des Odysseus. Die ersten mündlichen Fassungen des Epos, über dessen Autor nichts bekannt ist, entstanden bereits um 1000 v. Chr. Verschiedene Übersetzungen ins Deutsche, eine sehr lesbare von Wolfgang Schadewald von 1958 (Rowohlt TB) in Prosa.

George Orwell: Mein Katalonien. Bericht über den spanischen Bürgerkrieg (Diogenes TB, 1975) Aus dem Englischen übersetzt von Wolfgang Rieger.

Maria Rinaldi: Übergepäck. Frauen reisen (Piper TB, 2012) Lektüre für den Liegestuhl mit Erzählungen u. a. von Elke Heidenreich, Edith Wharton (»Römisches Fieber«) sowie Margaret Atwood. Die Heldin der Atwood-Erzählung setzt ihre Reise unfreiwillig im Schlauchboot fort.

Roberto Saviano: Gomorrha. Reise in das Reich der Camorra (aus dem Italienischen von Friederike Hausmann, dtv, Februar 2009) Die Camorra, laut Saviano gefährlicher als die Mafia, im Selbstversuch, was dem Autor eine Todesdrohung (und internationalen Ruhm) einbrachte. Im Containerhafen von Neapel starten seine Recherchen.

Paul Theroux: An den Gestaden des Mittelmeeres (aus dem Amerikanischen von Erica Ruetz und Cornelia Groethuysen, Hoffmann und Campe, 1996) Mit Bahn und Fähren reiste der prominenteste amerikanische Reiseautor einmal ums Mittelmeer, auf Einladung der Reederei auch einmal auf dem Luxusschiff »Seabourne Spirit« (40 Passagiere) von Nizza nach Istanbul. Ungemein kurzweilig.

Mark Twain: Reisen ums Mittelmeer (Insel, 1996) Vergnügliche Schilderung seiner Reisen im Jahre 1867, die den Amerikaner u. a. nach Neapel, Rom und Athen führten.

Marguerite Yourcenar: Ich zähmte die Wölfin. Die Erinnerungen des Kaisers Hadrian (dtv, 1998) Abtauchen in die römische Geschichte: Die fiktive Autobiografie des Kaisers Hadrian (76–138) ist einer der bedeutendsten historischen Romane der Weltliteratur.

BUCHUNGSADRESSEN
AIDA Cruises
RCL Cruises Ltd.: Hillmannstr. 2a, 28195 Bremen • Tel. 03 81/20 27 07 22 • www.aida.de

Celebrity Cruises
Lyoner Str. 20, 60528 Frankfurt am Main • Tel. 08 00/7 24 03 46 • www.celebritycruises.de

Costa Kreuzfahrten
Am Sandtorkai 39, 20457 Hamburg,
Tel. 0 40/5 70 12 13 16 • www.costa
kreuzfahrten.de

Cunard Line
Am Sandtorkai 28, 20457 Hamburg •
Tel. 0 40/41 53 35 55 • www.
cunard.co.uk

Disney Cruise Line
disneycruise.disney.go.com

Hapag-Lloyd Cruises
Kontaktcenter Hamburg: Tel. 0 40/
3 07 03 05 55 • www.hl-cruises.de

MSC Kreuzfahrten
Ridlerstr. 37, 80339 München •
Tel. 0 89/2 03 04 38 01 • www.msc-
kreuzfahrten.de

Norwegian Cruise Line (NCL)
Kreuzberger Ring 68, 65205 Wies-
baden • Tel. 06 11/3 60 70 • www.
ncl.com

Princess Cruises
Inter-Connect Marketing • Arnulfstr.
31, 80636 München • Tel.0 89/51 70
34 50 • www.princesscruises.de

Royal Caribbean Cruise Line
Lyoner Str. 20, 60528 Frankfurt •
Tel. 08 00/72 40 34 50 oder 0 69/
9 20 07 10 • www.royalcaribbean.de

Sea Cloud Cruises
An der Alster 9, 20099 Hamburg •
Tel. 08 00/30 95 92-0 • www.sea
cloud.com

Transocean Kreuzfahrten
Rathenaustr. 33, 63067 Offenbach •
Tel. 0 69/8 00 87 16 50 • www.trans
ocean.de

TUI Cruises
Heidenkampsweg 58, 20097 Hamburg • Tel. 0 40/6 00 01-511 • www.
tuicruises.com

BUCHUNGSHINWEIS
Viele Reedereien gewähren Früh-
bucherrabatte! Oft lassen sich die
Transfers und die Hotels am Start-/
Zielort mit der Schiffsreise buchen.

FESTE UND EVENTS
MÄRZ
Vampe di San Giuseppe, Sizilien
Ein Fest, das zu Ehren des sizilianischen Inselheiligen San Giuseppe
stattfindet. Unter reger Anteilnahme
der Bevölkerung lodern zahlreiche
Feuer zum Himmel.
18. März

»Fallas« (Fackeln), Valencia
Das Fest geht auf eine alte Tradition
der Zimmerleute zurück, die Holz
und Gerümpel verbrannten und damit das Ende des Winters feierten.
Mit ungeheurem Aufwand basteln
die Valencianer das ganze Jahr über
mehr als 300 große Figuren aus Holz
und Pappmaschee (»ninots«). Vier
Tage nach der Fertigstellung werden
sie gnadenlos verbrannt, nur die
schönste wandert ins Museo Faller.
19. März

APRIL
Via Crucis, Rom
Feierliche Prozession durch Rom
zum Kolosseum, wo der Papst einen
Wortgottesdienst hält.
Karfreitag

Stadtgeburtstag, Rom
Die Stadt feiert den Tag mit einem
Feuerwerk auf dem Monte Pincio.
21. April

History and Elegance Festival, Valletta

Festival mit historischen Paraden, Straßentheater und viel Musik in der Inselhauptstadt.
Mitte April

MAI
Fest des San Gennaro, Neapel

Geburtstag des Schutzheiligen der Stadt, mit feierlicher Prozession und Blutwunder.
Erstes Wochenende im Mai (und am 19. September)

JUNI
Regata Storica e Luminara e Palio di San Ranieri, Pisa

Der Bootswettstreit wird von vier Stadtteilen Pisas ausgetragen. Am Vorabend finden traumhafte Lichterimpressionen am Fluss statt.
16./17. Juni

Calcio Storico in Costume e Festa di San Giovanni, Florenz

Am Tag des Schutzpatrons von Florenz findet ein Fußballspiel in historischen Kostümen auf der Piazza Santa Croce statt. Das rustikale Spektakel endet mit einem großen Feuerwerk.
Am 24. Juni

Festa dei Santi Pietro e Paolo, Rom

Zu Ehren der Stadtpatrone von Rom, der Apostel Petrus und Paulus, finden feierliche Prozessionen statt. Der Tag ist in Rom Feiertag, am Tiber gibt es um 23 Uhr ein großes Feuerwerk.
29. Juni

Gioco del Ponte, Pisa

Kräftemessen in Pisa: Zwölf Teams aus den Stadtteilen »Tramontana« und »Mezzogiorno« mit 240 bärtig kostümierten »Mannen« lassen auf der Brücke ihre Muskeln spielen.
Letzter Sonntag im Juni

JUNI BIS SEPTEMBER
Estate Romana, Rom

Sommerliches Kulturprogramm mit Musik, Theater, Kino, Lesungen, Ausstellungen etc.
www.estateromana.it

JULI
Taormina Arte, Sizilien

Musikalisches Sommerfestival im atemberaubend gelegenen antiken griechischen Theater von Taormina.
www.taormina-arte.com

U fistinu di Santa Rosalia, Palermo

Bei diesem Fest steht alles im Zeichen der Stadtheiligen. Die Inselmetropole gleicht einem brodelnden Hexenkessel. Der Höhepunkt des Festes ist eine Prozession, bei der eine Statue der hl. Rosalia auf einem reich geschmückten Wagen durch Palermo gezogen wird. Am letzten Abend findet am Hafen ein fulminantes Feuerwerk statt.
14./15. Juli

Internationales Jazz-Festival, Malta

Fünf Tage lang wird an Vallettas Grand Harbour musiziert.
www.maltajazzfestival.org

Fest der Madonna del Carmine, Neapel

Der Brand des Kirchturms des Gotteshauses Sta. Maria del Carmine wird mit Feuerwerkskörpern »nachgespielt«.
15./16. Juli

Festa de' Noantri, Rom

Trastevere feiert mit Musik, Wein und Märkten jedes Jahr eine Woche lang ein fröhliches Straßenfest.
Zweite Julihälfte

JULI/AUGUST

Internationales Festival Carthago

Konzerte, Tanz, Theateraufführungen und Filme erfüllen das römische Theater von Karthago mit Leben.
Mitte Juli–Mitte August
www.festival-carthage.com.tn

AUGUST

Geburtstag Napoleons, Ajaccio

Die Stadt ehrt ihren großen Sohn, der hier geboren ist, mit einer Parade und einem Feuerwerk.
15. August

SEPTEMBER

Díada Nacional de Catalunya, Barcelona

Katalanischer Nationalfeiertag im Gedenken an die Niederlage Barcelonas gegen die Bourbonen unter Felipe V. von Spanien 1714. Mit Kundgebungen zum Gedenken an den Widerstand gegen die Unterordnung unter die spanische Krone.
11. September

SEPTEMBER/OKTOBER

Régates Royales, Cannes

Etwa 150 der weltweit schönsten Regatten geben sich eine Woche lang ein Stelldichein, während in Saint-Tropez um diese Zeit das Seglertreffen »Nioularge« stattfindet.
www.salonnautique.com

DEZEMBER

Wettschwimmen, Barcelona

Kurz nach Weihnachten kommt es in Erinnerung an ein Tauffest am Stefanstag zu einem Wettschwimmen über 200 m. Hunderte meist junge Menschen stürzen sich in das eiskalte Wasser des Hafenbeckens und schwimmen zum jenseitigen Ufer.
26. Dezember

GELD

Gibraltar (GIP-Pfund)

1 £	1,12 €/1,29 SFr
1 €	0,89 £
1 SFr.	0,77 £

Marokko (Dirham)

1 MAD	0,09 €/0,11 SFr
1 €	10,94 MAD
1 SFr.	9,49 MAD

Tunesien (Dinar)

1 TND	0,32 €/0,37 SFr
1 €	3,13 TND
1 SFr.	2,72 TND

GELDWECHSEL

An den nördlichen Gestaden des westlichen Mittelmeers befinden Sie sich abgesehen von Gibraltar (GBP/£) in der Eurozone. In Tunesien wird mit Dinar gezahlt, in Marokko mit Dirham. In Marokko ist die Ein- und Ausfuhr von Dirham verboten.

GESUNDHEITSVORSCHRIFTEN

Impfungen sind nicht vorgeschrieben. Für die medizinische Versorgung ist an Bord gesorgt.

INTERNET

Sämtliche Kreuzfahrthäfen am Mittelmeer werden auf den folgenden Homepages www.medcruise.com und www.whatsinport.com vorgestellt, leider nur auf Englisch. Informationen über die Gastländer findet man im Internet auf den Webseiten der Fremdenverkehrsämter (▸ Auskunft, S. 128).

KREUZFAHRT-ABC

Achtern – Hinterer Teil des Schiffes (auch Heck genannt).

Backbord – Linke Seite des Schiffes in Fahrtrichtung gesehen.

Bug – Vorderer Teil des Schiffes.

Heck – Hinterer Teil des Schiffes (auch Achtern genannt).

Knoten – Einheit zur Geschwindigkeitsmessung eines Schiffs. Ein Knoten entspricht einer Seemeile.

Lee – Dem Wind abgewandte Seite.

Luv – Dem Wind zugewandte Seite.

Reede – Kann ein Schiff den Zielhafen nicht direkt anfahren, liegt es ein Stück vor der Küste auf Reede.

KRIMINALITÄT

Mit einigen praktischen Vorsichtsmaßnahmen kann man sämtliche Reiseziele während einer Kreuzfahrt ohne anschließenden Ärger besuchen. Generell gilt: Größeres Gedränge ist stets zu meiden. Taschendiebe gibt es überall, nicht nur in den Ländern des westlichen Mittelmeers. Aber tragen Sie Ihr Portemonnaie nicht in der Gesäßtasche. Besondere Vorsicht ist bei der Benutzung von Geldautomaten geboten. Kreditkarten sind eine begehrte Diebesbeute, lassen Sie sie auch nicht beim Bezahlen aus den Augen. Keinesfalls sollte man Geld auf der Straße wechseln. Die Geldwechsler bieten zwar einen scheinbar attraktiven Preis, geben aber oft falsch raus.

MEDIZINISCHE VERSORGUNG

Größere Schiffe verfügen über ein eigenes Krankenhaus, über Krankenschwestern, einen Arzt und eine Apotheke, sodass Sie im Notfall auch auf hoher See gut versorgt sind. Sozialversicherungsabkommen, die eine kostenfreie Behandlung von EU-Bürgern bei Vertragsärzten der jeweiligen Krankenkassen vorsehen, gibt es zwar mit Frankreich, Italien, Spanien und Malta, doch auch dort bezahlt man den Arzt an Land besser in bar und lässt sich die entstandenen Kosten durch eine vorher abgeschlossene Auslandskrankenversicherung ersetzen.

REISEZEIT

Im westlichen Mittelmeer ist das ganze Jahr über Saison. Die beste Reisezeit sind jedoch die frühen Sommermonate Mai und Juni oder die Herbstmonate September und Oktober. Im Hochsommer kann es an Land sehr heiß werden, zwischen

Klima (Mittelwerte)	JAN	FEB	MÄR	APR	MAI	JUN	JUL	AUG	SEP	OKT	NOV	DEZ
Tages-temperatur	11	13	16	19	23	28	31	31	27	21	16	12
Nacht-temperatur	4	5	7	10	13	17	20	20	17	13	9	5
Sonnen-stunden	4	5	6	7	9	9	11	10	8	7	4	4
Regentage pro Monat	8	9	8	8	7	4	2	2	5	8	10	10

November und April ist immer mit Regentagen zu rechnen.

SCHLÜSSELKARTEN

Die Bordkarte ist zumeist auch Schlüssel- und Bordkreditkarte. Sie muss beim Ein- und Ausschiffen stets vorgezeigt werden. Beim Einschiffen ist zudem ein Personalausweis oder Pass erforderlich. Auf neueren Schiffen werden die Schlüsselkarten durch RFID-Armbänder (Radio Frequency Identification) ersetzt, die während der gesamten Kreuzfahrt getragen werden und mit denen auch bezahlt wird.

TAGESPROGRAMME

Das Programm für den nächsten Tag wird am Vorabend an die Kabinen verteilt. Hier stehen – ganz wichtig! – die Liegezeiten in den Häfen.

TELEFON

VORWAHLEN
Frankreich 00 33
Gibraltar 00 350
Italien 00 39
Malta 00 356
Marokko 00 212
Monaco 00 377
Spanien 00 34
Tunesien 00 216

Von der Kabine aus zu telefonieren ist meist sehr teuer. In Küstennähe kann man zu den normalen Roaming-Tarifen seines Providers mit dem Mobiltelefon telefonieren. Mobiles Telefonieren auf hoher See ist zwar möglich, die Preise hierfür sind jedoch horrend und Prepaid-Karten nicht einsetzbar. Die meisten Schiffe sind auf hoher See zudem auch über eine Festnetznummer unabhängig von ihrem Standort erreichbar.

TRINKGELD

Die meisten Reedereien rechnen pauschal über die Bordkreditkarte pro Tag einen bestimmten Betrag als Trinkgeld ab.

TRINKWASSER

Das Wasser an Bord hat Trinkwasserqualität. Die Kabinenstewardessen versorgen Sie auch mit Eis für die Minibar in Ihrer Kabine. Preiswerter ist es jedoch, sich beim Landgang mit Getränken einzudecken.

WÄSCHE

Wie jedes große Hotel verfügen die Schiffe über einen Wäscheservice.

ZEIT

Im gesamten westlichen Mittelmeerraum gilt die mitteleuropäische Zeit, in Marokko hingegen die westeuropäische Zeit (WEZ). Dort und in Tunesien ist es eine Stunde früher.

ZOLL

Reisende aus Deutschland und Österreich dürfen Waren abgabenfrei mit nach Hause nehmen, wenn diese für den privaten Gebrauch bestimmt sind. Bestimmte Richtmengen sollten jedoch nicht überschritten werden (z. B. 800 Zigaretten, 90 l Wein, 10 kg Kaffee). Weitere Auskünfte unter www.zoll.de und www.bmf.gv.at/zoll.
Reisende aus der Schweiz dürfen Waren im Wert von 300 SFr abgabenfrei mit nach Hause nehmen, wenn diese für den privaten Gebrauch bestimmt sind. Tabakwaren und Alkohol fallen nicht unter diese Wertgrenze und bleiben in bestimmten Mengen abgabenfrei (z. B. 200 Zigaretten, 2 l Wein). Weitere Auskünfte unter www.zoll.ch.

Kartenatlas

Legende

Sehenswürdigkeiten

10	MERIAN TopTen
10	MERIAN Tipp
	Sehenswürdigkeit, öffentl. Gebäude
	Schloss, Burg
	Kirche
	Kirchenruine
	Moschee
	Synagoge
	Museum
	Denkmal

Verkehr

	Autobahn
	Autobahnähnliche Straße
	Fernverkehrsstraße
	Hauptstraße
	Nebenstraße
	Sonstige Straßen
	Fußgängerzone
P	Parkmöglichkeit
B	Busbahnhof
	Schiffsanleger
	Flughafen

Sonstiges

i	Information
	Theater
	Markt
	Botschaft, Konsulat
	Zoo
† † †	Friedhof

A B C

Av. Menéndez Pidal

Jardín
del
Túria

Estación Central
de Autobuses

1

C. Guillem de Castro

C. de Blanquerías

Salvador Giner

C. Na Jordana

Inst. Val.
Arte Moderno
(IVAM)

Pl. Centenar
de la Ploma

C. Museo

Dr. Chiarri

C. de Roteros

Torres de
Serranos

Pl. dels
Fueros

Beneficencia

Seguranes

C. Palma

Pl. Sta.
Cruz

C. de Serranos

Dr. Sanchís

Bergón

La Beneficencia

C. de Ripalda

S. Ramón

Sto. Tomás

Pl. Ángel

Viriato

C. Sal

C. Corona

Pere

Bonfill

C. Corona

El
Carmen

C. de Serranos

Pl. Manises

Padre Manjón

Dr. Beltrán Bigorra

Pl.

S. Dionisio

C. del Portal Valldigna

Mare

Generalitat

Pl.
de la
Virgen

Jardí

Botànic

C. Guillem de Castro

C. del Turia

C. Pintor

Vicentelborra
Zariñena

C. Alta

C. Caballeros

C. Caballeros

Reina

Museo Tesoro
Catedralicio

Torres de
Quart

C. de Quart

C. de Quart

Pl. Espartó

Pl. S.
Nicolás

Valencians

Cadirers

2

Pl. S.
Sebastián

Borrull

C. de Murillo

Carda

C. Valeriola

C. Exarchs

C. de Belluga

Mercado

Pl. Dr.
Collado

Lonja

Pl.
de la
Reina

Lepanto

Encarnación

Carniceros

Balmes

C. Pie de la Cruz

Trador

Sorolla

C. de Bany

Mercat
Central

Av. María Cristina

Sombrerería

Abad
San
Martí
Museo
de Cera

3

Maestro Palau

Pl. del
Pilar

C. de Roger

de
Hospital

Calabazas

C. Popri

C. Linterna

Barcelonina

Ángel Guimerá

Ángel Guimerá

Ángel
Guimerá

C. Guillem

Mus. Val. de la
Illustración y
la Modernidad
(MUVIM)

Azzati

Ayuntamiento

Pl. de l'Ajuntament

4

Dr. Sanchís Sivera

Casa
Carmela

El Cabañal

Vertical

Ca' Sento

Port
America's
Cup

Ciutat de les Arts
i les Ciències

Pl. de
Malvarrosa

Pl. de las
Arenas

C. Cervantes

C. Xátiva

Estación
del Norte

Xátiva

Pl. de
Toros

A B C

Monasterio de San Miguel

Valencia (València)

Pont de Fusta
RENFE
Estación Puente de Madera
Hospital Cruz Roja
Viveros Municipales
Facultad Farmasia
Facultad Medicina
Av. de Blasco Ibáñez
Av. de Blasco Ibáñez
Vuelta del Ruiseñor
Museo de Bellas Artes
Jardines del Real
Pl. de la Legión Española
General Elío
Jardines de Monforte
C. Monforte
Hotel Ad Hoc Monumental
Llano del Real
Exposición
Pl. Poeta Llorente
Puente del Real
Micer Mascó
Peiró
Almudín
Gobierno Civil
Convento S. Domingo
Jardín del Túria
Pintor
Basílica de los Desamparados
Catedral
Baños Árabes del Almirante
Pso. de la Alameda
Palacio Valdés
Iglesias de San Juan del Hospital
Capitanía General
Don Armando
La Xerea
Ximénez de Sandoval
Alameda
Pso. de la Alameda
Puente de la Exposición
Museo del Patriarca
Palacio de Justicia
Pl. Porta de la Mar
Justicia
Pso. de la Ciudadela
C. de la Paz
Nuevos Juzgados
Puente de las Flores
Palacio de Justicia
Av. Navarro Reverter
Puente del Mar
Teatro Principal
C. Colón
Colón
C. de Sorni
Puente del Mar
L'Eixample
Mercado de Colón
Puente Aragón
Col. Ofic. Médicos
Pl. Cánovas del Castillo
Col. Francés
Gran Vía Marqués del Turia
Conde de Altea
Puerto
N
0   210 m
© MERIAN-Kartographie
CAC

D   E   F

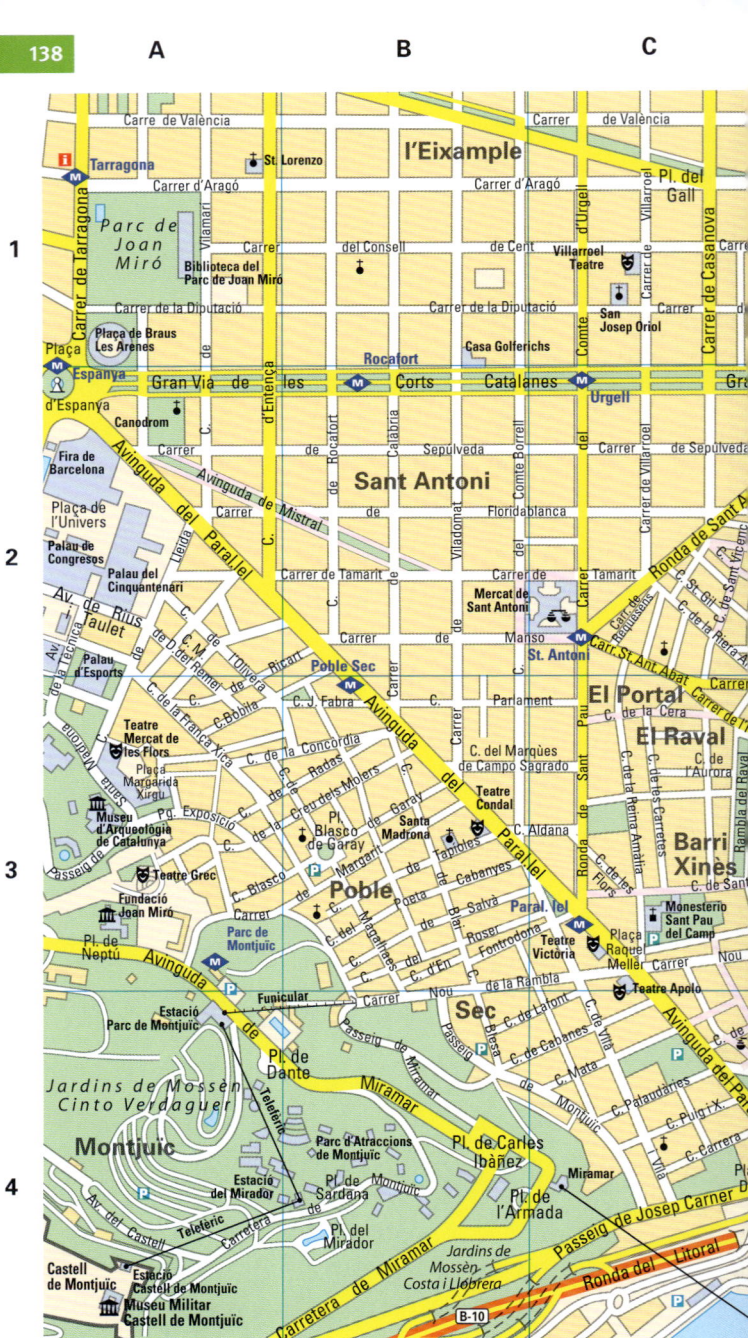

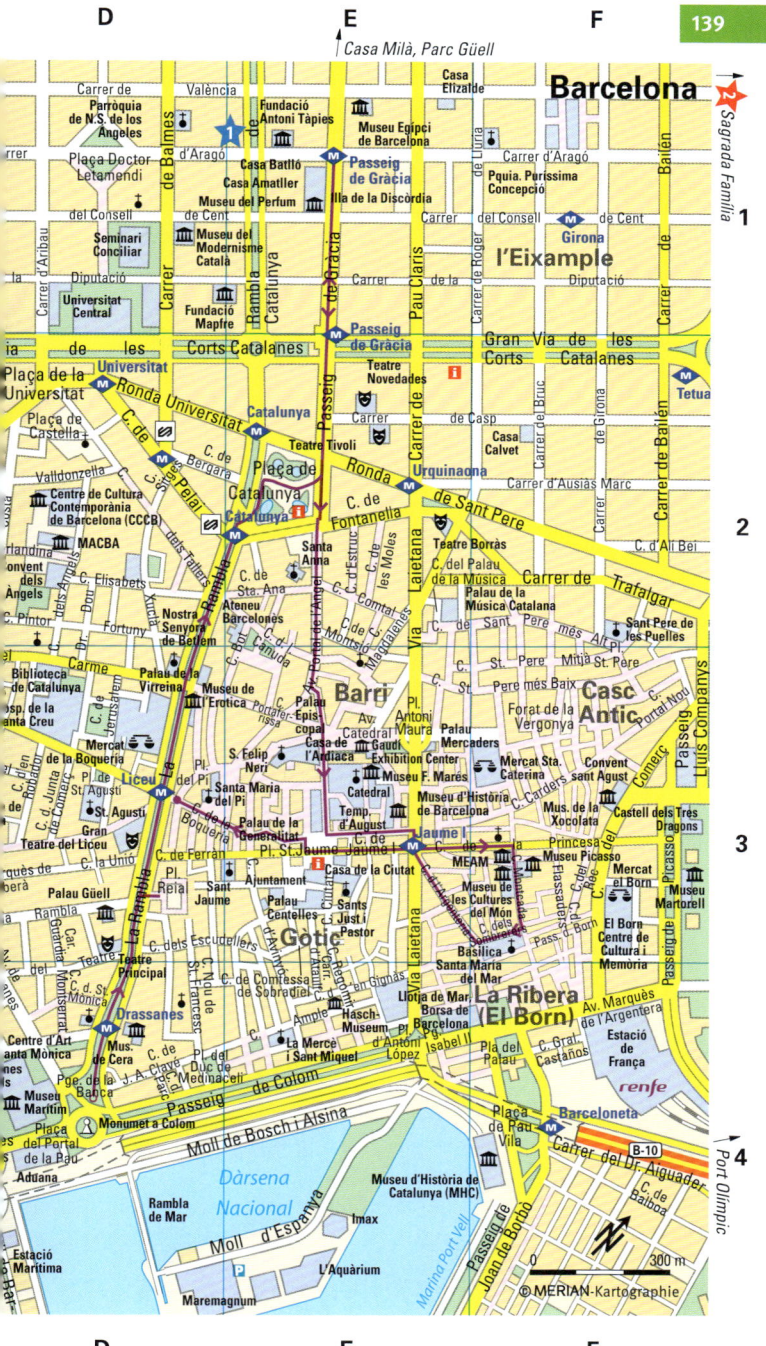

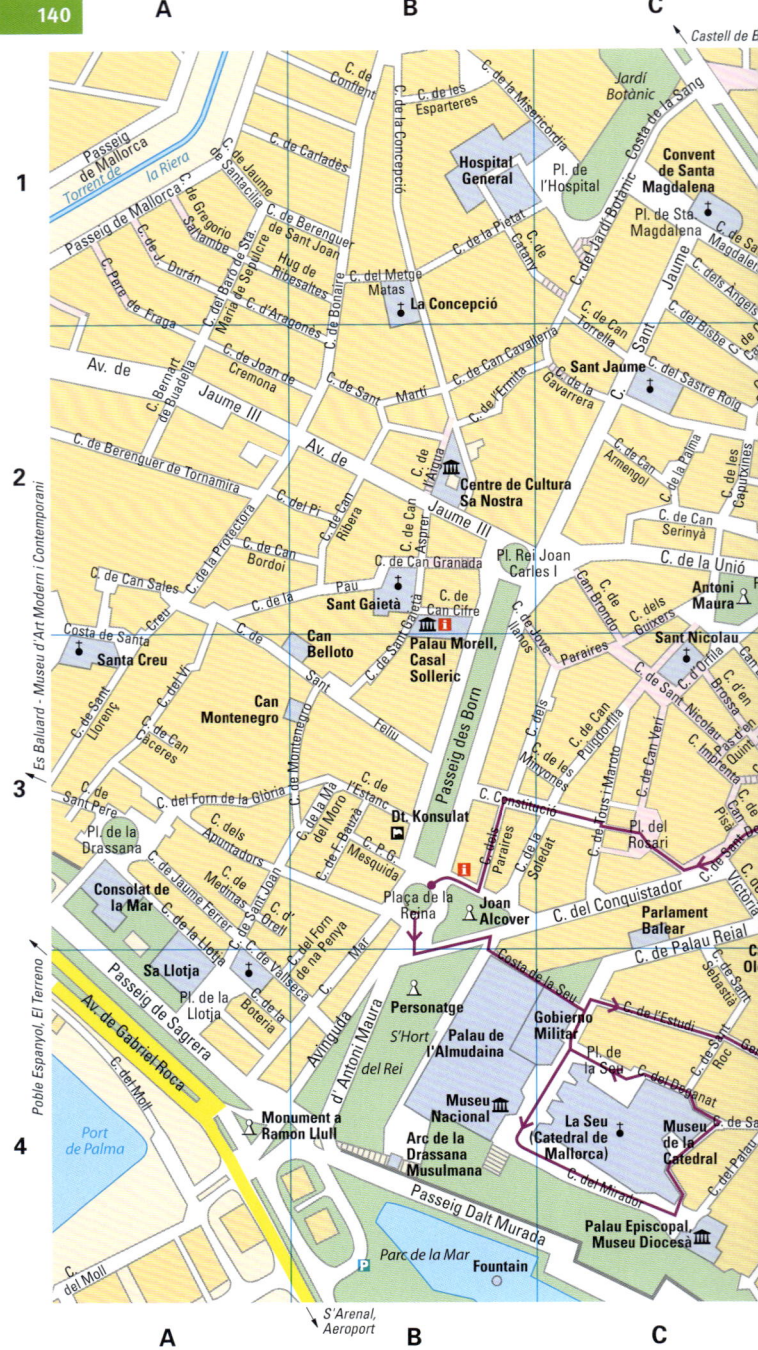

A B C

Castell de B

Jardí Botànic

Passeig de Mallorca
Torrent de la Riera

C. de Conflent
C. de les Esparteres
C. de la Misericòrdia
Costa de la Sang

Convent de Santa Magdalena

Hospital General

Pl. de l'Hospital

Pl. de Sta. Magdalena

C. de Carladès
C. de Jaume de sanaclia
C. de Berenguer de Sant Joan
C. de la Concepció

Passeig de Mallorca
C. de Gregorio Sarlambe
C. Hug de Ribesaltes
C. de Bonaire
C. del Metge Matas

La Concepció

C. de la Pietat
C. del Carony

C. del Jardí Botànic
C. Sang

C. dels Angels
C. del Bisbe C.

C. de J. Durán
C. Parc de Fraga
C. del Baró de Sta. Maria del Sepulcre
C. d'Aragonés

1

Av. de
C. Bernart de Buadella
C. de Joan de Cremona

Jaume III

C. de Sant Martí
C. de Can Cavalleria
C. del Ermita
C. de la Gavarrera

Sant Jaume

C. del Sastre Roig

C. de Berenguer de Tornamira
Jaume III
Av. de

C. de l'Aigua

Centre de Cultura Sa Nostra

C. de la Palma
C. de les Capuxines

C. del Pi
C. de Can Ribera
C. de la Protectora
C. de Can Bordoi
C. de Can Granada

Pl. Rei Joan Carles I

C. de Can Arnengol
C. de Can Serinyà

C. de la Unió

2

C. de Can Sales
C. de la Creu
C. de Can Asprer
Pau
C. de Can Cifre
Sant Gaietà
C. de Can Brondo
C. dels Guixers

Antoni Maura

Costa de Santa Creu
Santa Creu
C. del Vi

Can Belloto

C. de
C. de la Catedral

Palau Morell, Casal Solleric

C. de Joves Illanos
Paraires
Can Verd
Sant Nicolau
C. d'Orfila
C. d'en Brossa

C. de Sant Llorenç
Can Montenegro
C. de Can Càceres
Sant
Feliu

C. de Montenegro
Passeig des Born
C. de Can Pulgdorfila
C. de Can Marolo
C. de Sant Nicolau
C. de Can Vert
C. Imprenta
C. Past de'n Quint

3

C. de Sant Pere
Pl. de la Drassana
C. del Forn de la Glòria
C. dels Apuntadors
C. de la Ma del Moro
L'Estanc
C. de F. Banza
C. F. G. Mesquida

Dt. Konsulat

C. de la Constitució
C. de la Soledat
Pl. del Rosari
C. de Sant Do

Consolat de la Mar

C. de Jaume Ferrer
C. de Medines
C. d'Orell
C. del Forn de na Penya
C. de la Mar

Plaça de la Reina
Joan Alcover

C. dels Paraires
C. del Conquistador

Parlament Balear
C. de Palau Reial
C. Ol

C. de Vallseca
Sa Llotja
Pl. de la Llotja
C. de la Botería

Avinguda d'Antoni Maura

Personatge

S'Hort del Rei

Palau de l'Almudaina

Costa de la Seu

Gobierno Militar

Pl. de la Seu

C. de l'Estudi
C. de Palau Reial
C. Se Sant Sebastià
Gei

4

Passeig de Sagrera
Av. de Gabriel Roca
C. del Moll

Port de Palma

Monument a Ramon Llull

Arc de la Drassana Musulmana

Museu Nacional

La Seu (Catedral de Mallorca)

Museu de la Catedral

C. del Mirador
C. de la S

Passeig Dalt Murada

Parc de la Mar

Fountain

Palau Episcopal, Museu Diocesà

S'Arenal, Aeroport

Es Baluard – Museu d'Art Modern i Contemporani

Poble Espanyol, El Terreno

A B C

Esporles

Valldemossa, Sóller

Information

Estació, »Roter Blitz« 2

Palma

Av. d'Alexandre Rosselló

C. dels Oms

Pl. de la Porta Pintada

Plaça d'Espanya

C. del Bastió d'En Sanoguera

C. del Bisbe Perelló

1

C. de Sant Elies

C. de la Missió

C. de Can Burgos

C. de Can Muntaner

C. de Can Perpinyà

C. Crist Verd

C. dels Capuchins

Santa Catalina de Siena

C. d'Enric Alzamora

Pl. Carme

C. del Carme

C. dels Horts

Pl. de l'Olivar

Mercat de l'Olivar

Pl. C. del Rosselló

C. dels Oms

C. de Sant Miquel

Covento de las Carmelitas Descalzas Santa Teresa

C. de les Tereses

C. de la Missió

Sant Antoni Abat

Tous i Ferrer

C. de Josep

C. de Can Pinos Oliva

C. de la Posada de la Real

Pl. de la Mare de Déu de la Salut

C. de Josep

Sant Miquel

C. d'en Vilanova

Sant Felip Neri

La Mercè

C. de la Mercè

2

C. de Can Oliva

Costa de la Pols

Cofradía de la

C. dels Moliners

Pl. de la Mercè

Volta de la Mercè

C. dels Frares

C. Ample de la Mercè

C. del Sindicat

Pl. Sant Antoni

Gran Hotel, Fundació La Caixa

Fundació Joan March

C. de Can Gater

C. de Can Petit

C. d'en Morei

C. de la Ferreria

ÖstermInca

Teatre Principal

C. de la Riera

C. de Sant Miquel

C. de Can Tamorer

C. de Can

Sant Espasa

C. de Can Sanmartí Feliu

Vatorí

C. del Jo

Pl. de Weyler

Can Berga, Palau de Justícia

Pl. de les Monges

C. del Banc de l'Oli

Pl. Banc de l'Oli

C. de Can Espanya

C. Mora

C. de la Volta d'en Reus

C. de Sant Andreu

Pl. de Raimundo Clar

C. de l'Estacada

Artà

Pl. Major

Pl. del Marquès del Palmer

C. del Rubí

C. de Sant

C. de l'Hostal de l'Estel

3

Pl. Can Tagamanent

C. de les Monges

C. de Jaume II

Colom

C. de l'Argentaria

C. de la Bosseria

C. del Sindicat

C. dels Hostals

La Portella

Pl. d'en Coll

C. de la Cordería

Pl. de la Quartera

C. del Pes de la Farina

Pl. del Mercadal

Travessia d'en Ballester

Pl. de Cort

Santa Eulària

Can Joan de S'Aigo

Can Savella

C. de la Posada de Terra Santa

C. de l'Hostal del Batlò

C. de la Gerreria

Ajuntament

Can Vivot

Pl. de Santa Eulària

Pl. de Quadrado

Can Villalonga

C. de Can Troncoso

C. del Morer

Pl. Llorenç Bisbal

Arc de l'Almudaina

Sant Francesc

C. dels Desemparats

Esglèsia Socorro

Palau Oleza

Pl. de Sant Francesc

Palau Marquès del Palmer

Biblioteca Provincial

C. de Ramon Llull

Pl. Pes de la Palla

4

Museu de Mallorca

C. de la Puresa

Mont-Sión

Pl. Temple

Banys Àrabs

Esglèsia Monti-Sión

Convent de Santa Clara

C. de la Pelletería

0   180 m

© MERIAN-Kartographie

D   E   F

Monaco

Beausoleil

R. des Martyrs de la Résistance
R. Pasteur
Av. d'Alsace

Av. Paul Doumer
Bd. des Moneghetti
R. Pasteur
SNCF

R. Bellevue
Av. o
R. Bel Respiro
Bd. Princesse
Bd. de Suisse

1

R. Victor Hugo
R. Jean Bouin
Stade Couvert
Sacré-Cœur

R. Pierre Curie
Boulevard du Jardin Exotique

Ste-Dévote
Pl. Ste-Dévote
P

Moyenne Corniche

Boulevard de Belgique
R. Joseph-Fr. Bosio
Boulevard Rainier III
Ascenseur

R. Louis Aurélia
Aurélia
Rue Grimaldi
Bretelle
Automobile Club
Quai Albert

Ascenseur

2

Ascenseur
P

Boulevard du Jardin Exotique
Av. Hector Otto
R. Augustin Vento
Rue

R. Princesse Louise
R. Princesse Florestine
Rue Florestine
Suffren-Reymond
Eglise Réformée
Rue Notari
Bd. Albert I

Ascenseur
P

Ascenseur

Av. Hector Otto
Bd. du Jardin Exotique

La Condamine

3

Parc Princesse Antoinette
Bd. de Belgique
Av. Crovetto
St-Martin

Avenue Prince Pierre
Rue de la Turbie
Rue Grimaldi
Rue Princesse Caroline
Rue de Millo
Rue des Açores
R. Terrazzani
Marché
Av. du Por

Moyenne Corniche N 7

Musée d'Anthropologie Préhistorique
Bd. du Jardin Exotique
P

Rue de la Colle
Place d'Armes

Grotte de l'Observatoire
Jardin Exotique

Charles III
Place du Canton
Ascenseur

Palais Princier
Pl. du Palais

Collection de Voitures Anciennes
Boulevard Rainier III
Boulevard de Fontvieille
Jardin Animalier
Musée des Timbres et des Monnaies
Musée Napoléonien

Av. Pasteur
Av. Pasteur
Av. Pasteur
Boulevard
Avenue de Fontvieille
Musée Naval
Av. Albert II
Av. des Papalins
P
Port de Fontvieille
Quai

4

†††††
†††††
††††
††††
Cimetière
††
Fontvieille
R. du Gabian

de
Sanbarbani

→ Stade Louis II

F Grimaldi Forum, Sporting Monte Carlo

Monte Carlo

Av. Princesse Alice

Sporting d'Hiver

Café de Paris

Place du Casino

Grand Casino

Bd. de Suisse

Sq. Beau-marchais

Av. de la Costa

Av. de l'Hermitage

Av. de Monte Carlo

Av. de Monte Carlo

Centre de Congrès, Auditorium

Larvotto

Pointe Focinina

Ascenseur

Bd. du

Yacht Club de Monaco

Ascenseur

Av. d'Ostende

Bd. Louis II

Av. Prés. J. F. Kennedy

Quai des Etats-Unis

Port Hercule

Bateau Bus

Ascenseur

Quai Antoine

Théâtre du Fort Antoine

Av. de la Quarantaine

Av. de la Porte Neuve

Av. des Pins

Monaco

Loth

Musée de la Chapelle de la Visitation

Ascenseur

Av. St-Martin

Monte-Carlo-Story

Historial des Princes de Monaco

Emile

Mairie

Musée Océanographique

Cathédrale

Jardins St-Martin

Pointe St-Martin

N

0   150 m

© MERIAN-Kartographie

D   E   F

Florenz

Fortezza da' Basso

A

Via dell' Albero
Via M. Finiguerra
Via delle Canacci
Via della Benedetta
Via della Scala
Borgo Ognissanti
Via Montebello
L. Amerigo Vespucci
Via del Porcellana
Via del Moro
Via de' Fossi

Stazione Centrale di S. M. Novella
Pza. d. Stazione

i

S. Maria Novella

Pza. S. Maria Novella

Oratorio S. Francesco dei Vanchetoni
Ognissanti
Pal. Lenzi
Pza. Ognissanti
S. Paolino

Museo Novecento
Palazzuolo
Loggia di S. Paolo

Museo Marino Marini
Pal. Rucellai
Pza. Goldoni
Pza. del Carmine

Arno

S. Frediano in Cestello
Lung. Soderini
Borgo S. Frediano
Lung. Guicciardini

S. Frediano

Cappella Brancacci
S. Maria del Carmine

Via dell' Ardiglione
Via del Serragli
Via Maffia
Via Sant' Agostino
Via de'

S. Spirito

S. Spirito
Pza. S. Spirito
Pal. Roselli d. Turco
Casa di Bianca Capello

Pal. Guadagni
Museo d. Firenze
Via della Chiesa
Via del Campuccio
Via Santa Maria
Via Romana
Via Mazzetta
Via Maggio

Chiesa di San Felice in Piazza
Pza. S. Felice

Museo di Storia Naturale
Galleria del Costume

Giardino Corsi Annalena

N

0   210 m

© MERIAN-Kartographie

B

Via Nazionale
Pza. d. Stazione
Pza. dell' Unità Italiana
Via del Giglio
Via del Panzani

Via del Moro
Via delle Belle Donne
V. d. Spada

Pal. Antinori
S. Gaetano
Pal. Larderel

V. d. Moro
V. della Vigna Nuova
V. d. Purgatorio
V. del Parione

Pal. Strozzi
Pza. degli Strozzi
Via degli Strozzi

Pal. Corsini
Lungarno Corsini
Ponte a. Carraia
S. Trinità
Pal. Bartolini
Mus. di Pal. Davanzati

Museo Ferragamo
Ponte S. Trinità
Pal. Spini-Ferroni

Pal. Frescobaldi
Lungarno Acciaioli
Bgo. SS. Apostoli
S. Jacopo Soprarno
Borgo San Jacopo
Via de' Vellutini
Via del Presto
Guicciardini
S. Felicità
Pal. Guicciardini

Pza. dei Pitti
Palazzo Pitti
Museo degli Argenti - Pal. Pitti
Galleria D'Arte Moderna

G i a r d i n o
d i B o b o l i

Viale della Meridiana

C

Via del' Ariento
Borgo la Noce
Mercato Centrale
Piaz. San Lo
Cappelle Medicee
S. Lore
Via Nazionale
Via S. Antonino
Faenza
Biblioteca Laurenziana
Via de' F
Via d. Conti
Museo di Casa Martelli
d. Cerretani

i
S. G
Log. d. Biga
Via dei Pecori
Via dei To

Via de' Vecchietti
Via de' Brunelleschi
Pza. della Repubblica

Orsan-michele
V. de'
Via Pellicceria
Via de' Sassetti

Pal. di Parte Guelfa
Porta Rossa
Log. Me
Nu
V. P. S. Maria
Via

S. Via V. P. S. Maria
Pal. Gi
Archibusieri
Corridoio Vas
Ponte Vecchio

P

Costa di San Giorgio

Vic. d. Ca

Forte di Belvedere

A   **B**   **C**

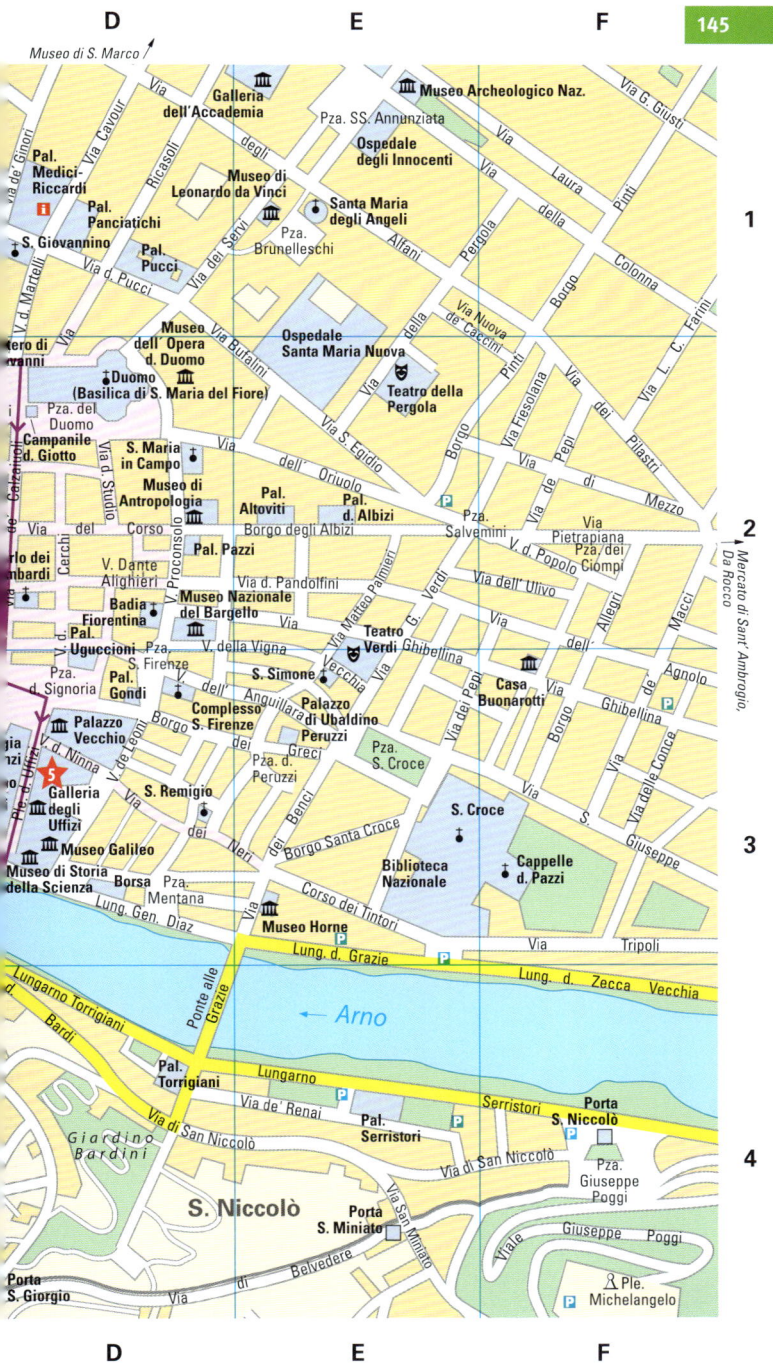

D   E   F

Museo di S. Marco

Via G. Giusti

Galleria
dell'Accademia

Museo Archeologico Naz.

Pza. SS. Annunziata

Ospedale
degli Innocenti

Via di Cavour

Via Ricasoli

Via degli

Pal.
Medici-
Riccardi

Via de' Ginori

Museo di
Leonardo da Vinci

Santa Maria
degli Angeli

Via della Laura

Via della Pergola

Via della Colonna

Pza. SS. Annunziata

1

Via de' Pinti

Via L. C. Farini

Pal.
Panciatichi

S. Giovannino

Pal.
Pucci

Via d. Pucci

Via d. Martelli

Pza.
Brunelleschi

Via dei Servi

Via degli Alfani

Via della Pergola

Museo
dell' Opera
d. Duomo

Via de' Pinti

Via de' Pucci

Ospedale
Santa Maria Nuova

Via Nuova
de' Caccini

Via Fiesolana

Via de' Pepi

Via de' Pilastri

2

ero di
vanni

Via de' Cerretani

Duomo
(Basilica di S. Maria del Fiore)

Via di Bufalini

Pza. del
Duomo

Campanile
d. Giotto

S. Maria
in Campo

Via S. Egidio

Teatro della
Pergola

Via dell' Oriuolo

Via di Studio

Museo di
Antropologia

Pal.
Altoviti

Pal.
d. Albizi

Pza.
Salvemini

Via
Pietrapiana

Via Pianiana

Pza. dei
Ciompi

i
rlo dei
mbardi

Via del Corso

Via del Proconsolo

Pal. Pazzi

Borgo degli Albizi

Via d. Popolo

Via dell' Ulivo

Mercato di Sant' Ambrogio,
Da Rocco

2

V. Dante
Alighieri

Via d. Pandolfini

Via G. Verdi

Via de' Macci

Via dell' Agnolo

Badia
Fiorentina

Museo Nazionale
del Bargello

Via della Vigna

Via Matteo Palmieri

Teatro
Verdi

Via Ghibellina

Via Ghibellina

Pal.
Uguccioni

Pza.
S. Firenze

V. della Vigna

S. Simone

Via dell' Anguillara

Palazzo
di Ubaldino
Peruzzi

Casa
Buonarroti

Via de' Pepi

Via delle Conce

Pza.
d. Signoria

Pal.
Gondi

Complesso
S. Firenze

Borgo dei Greci

Pza. de'
Peruzzi

Pza.
S. Croce

Via di S. Giuseppe

3

gia
nzi
io

Palazzo
Vecchio

V. d. Ninna

Via de' Neri

Via de' Benci

Borgo Santa Croce

S. Croce

Galleria
degli
Uffizi

S. Remigio

Via de' Neri

Museo Galileo

Piazzale degli Uffizi

Borsa

Pza.
Mentana

Museo di Storia
della Scienza

Corso dei Tintori

Biblioteca
Nazionale

Cappelle
d. Pazzi

Via Tripoli

Lung. Gen. Diaz

Museo Horne

Lung. d. Grazie

Lung. d. Zecca Vecchia

Lungarno Torrigiani

Ponte alle Grazie

Arno

Lungarno Torrigiani
Bardi

Giardino
Bardini

Pal.
Torrigiani

Lungarno

Via de' Renai

Via di San Niccolò

Pal.
Serristori

Serristori

Porta
S. Niccolò

Pza.
Giuseppe
Poggi

4

S. Niccolò

Via San Miniato

Via di San Niccolò

Porta
S. Miniato

Viale

Giuseppe Poggi

Porta
S. Giorgio

Via di Belvedere

Ple.
Michelangelo

D   E   F

A   B   C

Rom (Roma)

Ponte Matteotti

Ponte P.

Milizie

Lepanto M

V.M. Colonna

Giulio

Cesare

Scipioni

Via A. Farnese

Lung. Michelangelo

Lung. A. da Brescia

Via Flaminia

Staz. Roma-Viterbo FS

Flaminio M

Ottaviano M

Viale

Via degli

Via Fabio Massimo

Via Germanico

S. Gioacchino

Pza. Cola di Rienzo

Rienzo

Ponte Reg. Margherita

Lung. Ferd. di Sav.

Pza. di Popo

Viale Angelico

Viale

delle

Via

Via Ottaviano

Via di

Cola

Via Cicerone

Via Tacito

Lung. Mellini

Lung. in Augusta

Via di Ripetta

Casa Goeti

Via Vespasiano

V. Leone V

Via di Porta Angelica

V. S. Porcari

Borgo Pio

Via Crescenzio

Via Boezio

Via Cassiodoro

Via

Piazza Cavour

Via V. Colonna

Via Tribuniano

Ara Pacis Augustae

Mauso di Aug

Musei Vaticani

Città del

Cappella Sistina

Pza. S. Pietro

Vaticano

Borgo S. Spirito

Via della Conciliazione

V. Pio X

Piazza Adriana

Parco Adriano

Castel Sant'Angelo

Pal. di Giustizia

Lung. Prati

Ponte Cavour

Pza. Porta Ripetta

V. To Pal. Borghe

Via Fon

O

S. Pietro

Ospedale S. Spirito

L. in Sassia

Pza. D. Rovere

P. Pr. Amedeo

Ponte S. Angelo

Lung. di Castello

Umberto

Tevere (Tiber)

Palazzo Altemps

Lung. Vaticano

Ponte Vitt. Emanuele II

Lung. Marzio

Lung. Tor di Nona

Museo Napoleonico

Via d. Coronari

S. Maria della Pace

Sant'Agnese in Agone

S. Agostino

S. Luigi dei Francesi

Pza. Navona

Mo

Via della Scrofa

S. Onofrio

M. Gianicolo

Lung. Gianicolense

Ponte Mazzini

L. d. Sangallo

Via Giulia

Corso

Via Vecchio

Chiese Nuova

Museo di Criminologia

Pal. d. Cancelleria

Vittorio

Pal. Madama. Senato

Pal. Braschi. Mus. di Roma

Pza. Paradiso

Emanuele II

Pal. Massimo

Museo Barracco

Pza. Roton V. d.

Pza. Miner

Crip Ba

Via d.

Villa Farnesina

Pal. Corsini

Villa Corsini

Lung. della Farnesina

Lung. dei Tebaldi

Pza. Campo de' Fiori

Pal. Farnese

Pal. Spada

Teatro di Pompeo

Via d. Pettinari

Via Giubbonari

Ponte Sisto

Lung. d. Vallati

Via Arenula

V. d. Po

M Eb Sinagoga d. C

S. Maria della Scala

V. d. Scala

Trastevere

Ponte Garibaldi

Lung. Sanzio

Isola Tiberina Pte Ces

L. d. Anguillara

S. Pietro in Montorio

Via Garibaldi

S. Maria in Trastevere

V. d. Lungaretta

Bibli

Viale Trastevere

S. Cecilia in Trastevere

V. L. Manara

Pza. di S. Cosimato

0   450 m

N

© MERIAN-Kartographie

A   B   C

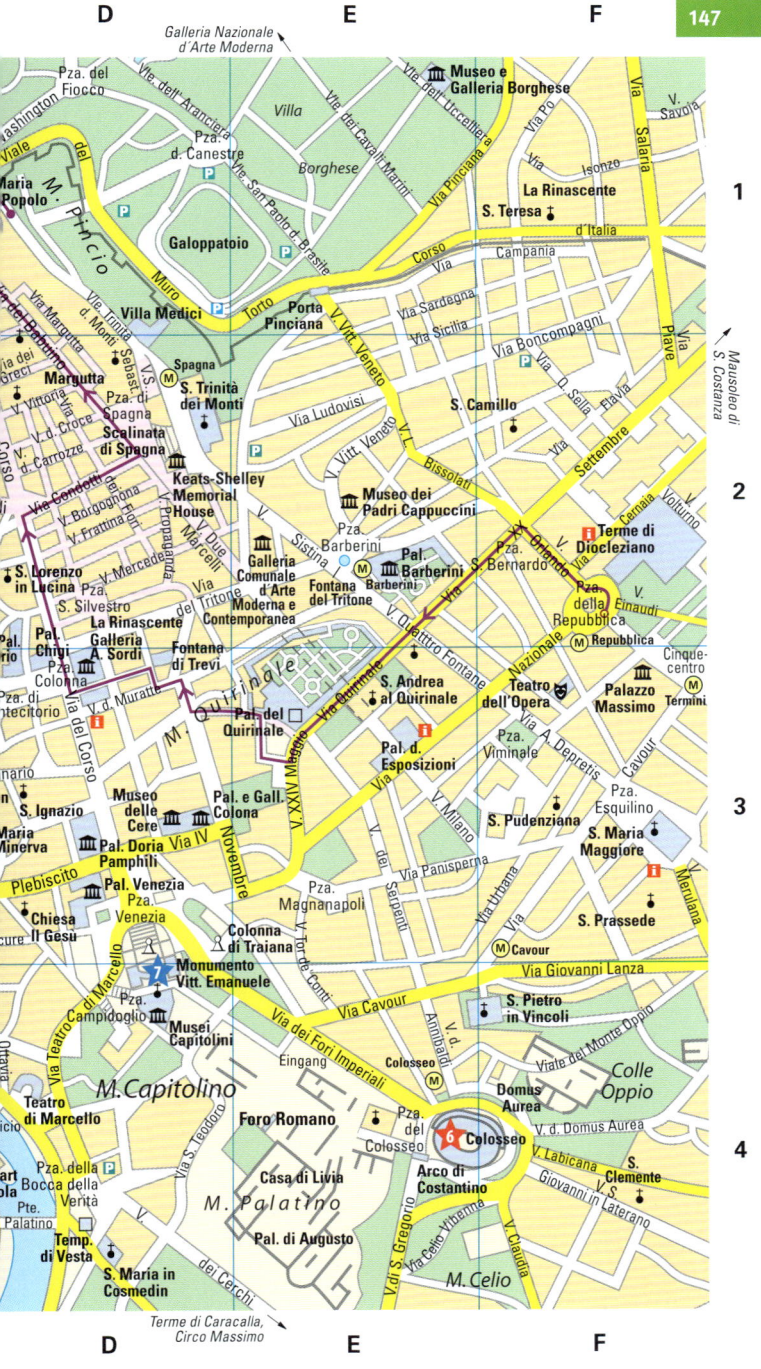

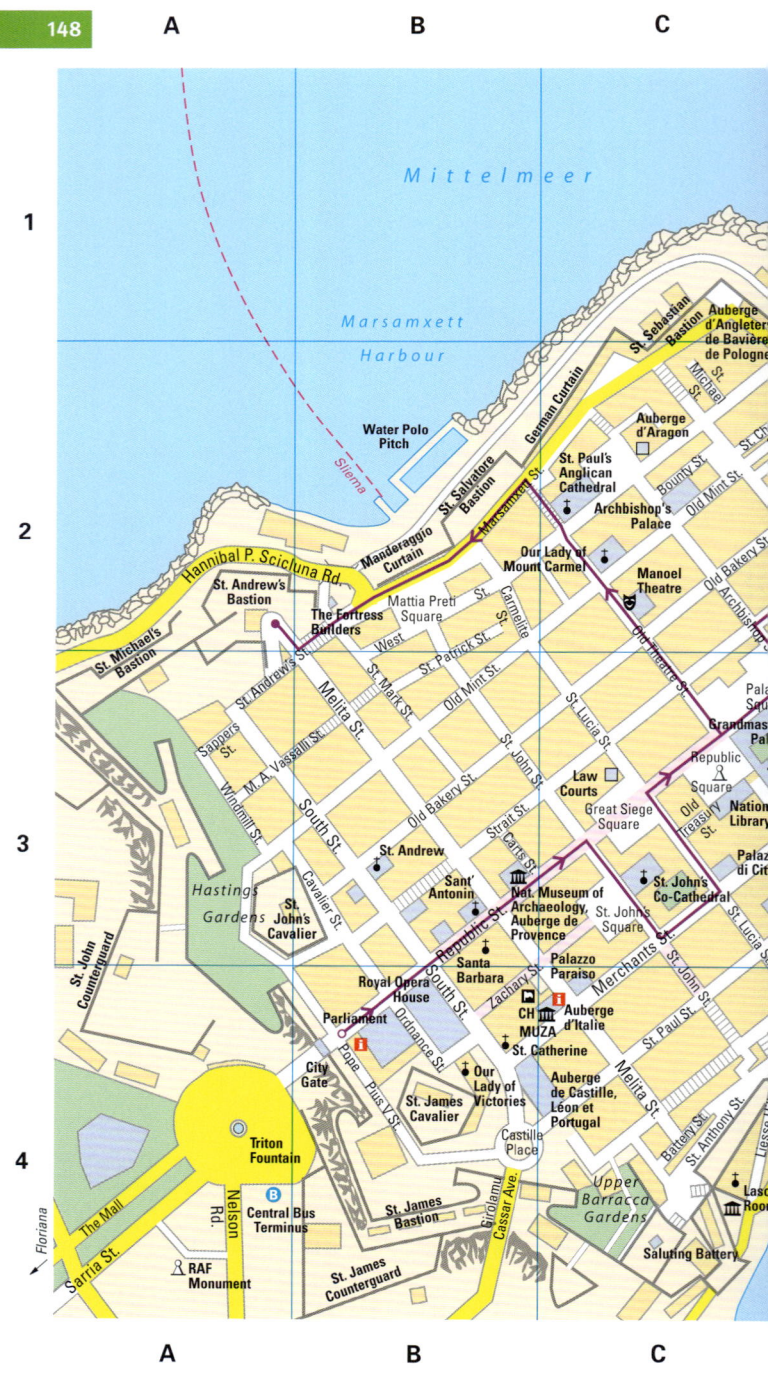

A **B** **C**

1

Mittelmeer

Marsamxett
Harbour

Water Polo
Pitch

Sliema

St. Sebastian
Bastion
Auberge
d'Angleter
de Bavière
de Pologne

German Curtain

Auberge
d'Aragon

St. Salvatore Bastion

St. Paul's
Anglican
Cathedral

Archbishop's
Palace

Marsamxett St.

Michael

St. Chr

Bounty St.

Old Mint St.

2

Manderaggio
Curtain

St. Andrew's
Bastion

Hannibal P. Scicluna Rd.

The Fortress
Builders

Mattia Preti
Square

West

St. Andrew's St.

Our Lady of
Mount Carmel

Carmelite

Manoel
Theatre

Old Theatre St.

Old Archbish

Pala
Squ

St. Michael's
Bastion

Melita St.

St. Mark St.

St. Patrick St.

Old Mint St.

St. Lucia St.

St. John St.

Grandmas
Pal

Sappers St.

M. A. Vassalli St.

Windmill St.

South St.

Old Bakery St.

Strait St.

Carts St.

Law
Courts

Great Siege
Square

Republic
Square

Old
Treasury
St.

Nation
Library

3

*Hastings
Gardens*

St.
John's
Cavalier

Cavalier St.

St. Andrew

Sant'
Antonin

Santa
Barbara

Nat. Museum of
Archaeology,
Auberge de
Provence

St. John's
Square

St. John's
Co-Cathedral

St. Lucia S

Palaz
di Cit

St. John

Republic St.

Royal Opera
House

Zachary

Palazzo
Paraiso

Merchants

St. Paul St.

St. John Cou

Ordnance St.

Parliament

CH

MUZA

Auberge
d'Italie

St. Catherine

Melita St.

City
Gate

Pope

Our
Lady of
Victories

Battery St.

St. Anthony St.

Lasse

4

The Mall

Triton
Fountain

Nelson Rd.

Central Bus
Terminus

Pius V St.

St. James
Cavalier

St. James
Bastion

Girolamo

St. James
Counterguard

Cassar Ave.

Castille
Place

Auberge
de Castille,
Léon et
Portugal

*Upper
Barracca
Gardens*

Saluting Battery

Lasc
Roon

Floriana

Sarria St.

RAF
Monument

A **B** **C**

Valletta

St. Gregory's Curtain

St. Gregory's Bastion

Ball's Bastion

Abercrombie's Bastion

St. Elmo Bay

National War Museum

Fort St. Elmo

Jew's Gate

Spur St.

French Curtain

St. Sebastian St.

Fountain St.

St. Joseph St.

Steps St.

St. Elmo Place

Abercrombie's Curtain

St. Anne St.

St. Dominic St.

Old Hospital St.

North St.

St. Nicholas St.

St. Lazarus Bastion

Republic St.

Casa Rocca Piccola

Sacra Infermeria, The Knights Hospitallers

Malta Experience

Mediterranean Conference Centre

St. Frederick St.

Merchants St.

St. Nicholas St.

Old Wells St.

Mediterranean St.

St. Lazarus Curtain

Our Lady of Damascus (Greek Catholic Church)

St. Dominic St.

Ursula St.

alace rmoury

Archbishop St.

St. Paul St.

St. Christopher St.

Siege Bell Memorial

Market

Theatre St.

Irish St.

Lower Barracca Gardens

Paul's ipwreck

St. Ursula

Castille Curtain

rsula St.

East St.

St. Barbara Bastion

Barriera Wharf

Fish Market

ctoria te

G r a n d

H a r b o u r

War

N

0   150 m

© MERIAN-Kartographie

1

2

3

4

Kartenregister

Orts- und Sachregister

Wird ein Begriff mehrfach aufgeführt, verweist die **halbfett** gedruckte Zahl auf die Hauptnennung. Abkürzungen: Hotel [H], Restaurant [R]

Liebe Leserinnen und Leser,

vielen Dank, dass Sie sich für einen Titel aus unserer Reihe MERIAN *live!* entschieden haben. Wir freuen uns, Ihre Meinung zu diesem Reiseführer zu erfahren. Bitte schreiben Sie uns an merian-live@graefe-und-unzer.de, wenn Sie Berichtigungen und Ergänzungen haben – und natürlich auch, wenn Ihnen etwas ganz besonders gefällt.

Alle Angaben in diesem Reiseführer sind gewissenhaft geprüft. Preise, Öffnungszeiten usw. können sich aber schnell ändern. Für eventuelle Fehler übernimmt der Verlag keine Haftung.

© 2019 GRÄFE UND UNZER VERLAG GmbH, München

MERIAN ist eine eingetragene Marke der GANSKE VERLAGSGRUPPE.

1. Auflage 2019

BEI INTERESSE AN DIGITALEN DATEN AUS DER MERIAN-KARTOGRAPHIE:
kartographie@graefe-und-unzer.de

BEI INTERESSE AN MASSGESCHNEI-DERTEN B2B-EDITIONEN:
gabriela.hoffmann@graefe-und-unzer.de

BEI INTERESSE AN ANZEIGEN:
KV Kommunalverlag GmbH & Co KG
Tel. 0 89/9 28 09 60
info@kommunal-verlag.de

GRÄFE UND UNZER VERLAG
Postfach 86 03 66
81630 München
www.merian.de

LESERSERVICE
merian@graefe-und-unzer.de
Tel. 00 800/72 37 33 33*
Mo–Do: 9.00–17.00 Uhr
Fr: 9.00–16.00 Uhr
(*gebührenfrei in D, A, CH)

REDAKTION
Wilhelm Klemm

ÜBERARBEITUNG UND LEKTORAT
Rosemarie Elsner

SATZ
Nadine Thiel, kreativsatz

BILDREDAKTION
Nora Goth

HERSTELLUNG
Renate Hutt

REIHENGESTALTUNG
La Voilà, Marion Blomeyer & Alexandra Rusitschka, München und Leipzig Independent Medien Design, Horst Moser, München

KARTEN
Kunth Verlag GmbH & Co. KG für MERIAN-Kartographie

DRUCK UND BINDUNG
Printer Trento, Italien

GRÄFE UND UNZER

Ein Unternehmen der
GANSKE VERLAGSGRUPPE

PEFC

PEFC/18-31-506